# Observations

# D'UN PATRIOTE

## SUR LA BROCHURE

# DE M. DE CHATEAUBRIAND.

IMPRIM. DE CARPENTIER-MÉRICOURT, RUE TRAÎNÉE, N° 15, PRÈS S.-EUSTACHE.

# OBSERVATIONS

# D'UN PATRIOTE

### SUR LA BROCHURE

## De M. de Chateaubriand,

### AU SUJET

## DU BANNISSEMENT DES BOURBONS.

*Par M. L. Belmontet.*

## PARIS,

### LEVAVASSEUR, LIBRAIRE,

GRANDE COUR DU PALAIS-ROYAL.

## 1831.

# OBSERVATIONS

# D'UN PATRIOTE

## SUR LA BROCHURE

## DE M. DE CHATEAUBRIAND.

## M. de Chateaubriand.

Au commencement du mois d'août, en 1829, M. de
Chateaubriand, de retour de son ambassade de Rome,
sorte d'exil de faveur, était venu se reposer aux eaux
de Cauterets, dans les Pyrénées, de sa disgrâce populaire qui n'était qu'une ingratitude de roi. L'ingratitude porte malheur aux couronnes. J'eus l'honneur
de me présenter chez l'illustre écrivain, en ma qualité

d'homme de lettres, il m'accueillit avec cette gracieuse affabilité qui caractérise les esprits supérieurs. Mon émotion dut lui plaire, j'étais devant une de nos plus grandes célébrités. Je le vis, je l'aimai; comme j'avais aimé son génie. Ma sympathie égala mon admiration. Après quelques légères causeries sur nos jeunes renommées littéraires dont il était pour ainsi dire le grand prêtre, la conversation tomba sur la politique et sur la situation morale de la France. Une tristesse profonde se répandit sur son front; il soupira, comme s'il eût aperçu quelque grain funeste à l'horizon. Un bruit sourd annonçait l'avénement de M. de Polignac au timon des affaires. Pour n'être pas impopulaire tout seul, il s'était associé un nom plus tristement célèbre que le sien. C'était au déserteur de Waterloo qu'on venait de confier la direction de la guerre. Ces deux noms, Polignac et Bourmont, renfermaient l'esprit du passé et le système de l'avenir. On ramenait avec eux les souvenirs des conspirations royalistes sous le consulat, et de la trahison dans les Cent-jours : on fesait remonter ainsi la pensée de la France à l'invasion étrangère. C'était pire qu'un acte d'hostilité contre le pays, c'était une maladresse de parti. La nation se tint éveillée et se prépara. Mon interlocuteur parla de vertige et de fatalité, et laissa tomber ces mots : le gant est jeté. Je lui répondis : le peuple le relevera. Vous seul, lui dis-je, par la popularité de votre gloire et par votre dévotion à la liberté vous pouviez servir de sauve-garde à la Royauté des siècles. Charles X ne vous a pas compris : il en est encore à ses folies de jeunesse. Il veut se heurter contre la liberté, il s'y brisera et la Monarchie avec lui. Un an après, jour pour jour, la Monarchie de Saint-Louis s'embarquait à Cherbourg pour un exil éternel.

Cet exil n'ayant point encore été consacré par une loi, c'est la proposition de cette loi qui a ramené M. de Chateaubriand sur la scène. Il s'en était allé avec la Royauté, il revient pour la défendre d'une proscription écrite, car elle existe de fait. Celui que la famille royale avait mis hors de son conseil, quand elle était sur le trône, oubliant l'ingratitude, ne se souvient plus que de sa fidélité, quand elle est sur la terre étrangère. Sa voix long-temps muette pour accuser, il la retrouve pour défendre. Il y a tant de tristes défections, au jour des chutes, qu'il est beau de venir, sans avoir quitté le deuil si passager de l'âme, protéger de son éloquence des cendres royales qui ne peuvent plus se relever, et dont la résurrection serait un jour néfaste pour tout un peuple.

Honneur donc à l'illustre auteur des *Martyrs!* Chaque parole échappée à sa douleur ou à son indignation est un cri sublime. La gloire de la Patrie et les infortunes n'ont jamais eu de plus noble chevalier. Quand le malheur est encore menacé, quand l'honneur de la France est en péril, il frappe à la barrière, armé de pièces étincelantes, et il s'écrie, me voilà !.... Il se jette dans la lice avec toute l'ardeur du preux franc et loyal ; il rompt vaillamment plusieurs lances, et remporte les honneurs du tournoi aux applaudissemens de la foule qui le salue avec respect. Quelquefois le peuple le reconnaît, au sortir du combat, et l'élève sur son pavois national, comme pour lui décerner la royauté de la pensée.

A chaque époque solemnelle, à chaque grande infortune ou des peuples ou des rois, il élève sa grande voix au-dessus de la tempête, et les âmes lui répondent de loin en frémissant. Généreux avocat de la Monarchie, il plaide hautement sa cause, quoique perdue. Tantôt, comme les prophètes des anciens temps, il prédit les calamités prochaines, et donne aux malheurs solennels de magnifiques élégies ; tantôt, comme un autre Bossuet, il mesure la chute des Empires ; et sur le bord d'une tombe immense, il prononce de graves adieux à la Monarchie qui vient de mourir. Dans le désespoir de son âme, dans les solitudes de sa tristesse, il ne voit plus que le fantôme de ses royales amours, comme l'image d'une épouse perdue. Il traîne son deuil sous un ciel qui n'est pas le sien ; et là, méditant sur le néant des grandeurs humaines, il s'oublie lui-même, car il oublie la Patrie. Mais bientôt une Muse nationale, une sœur de génie, vient le réveiller du sommeil de ses douleurs. Elle lui parle mélodieusement de la France et de la gloire, ses premières amours. Il reprend à l'existence par une sainte indignation, car on lui dit que la Patrie appelle au secours de ses destinées, qu'on rapetisse, toutes les voix éloquentes de l'honneur français. Le patriotisme est le feu sacré qui rallume son génie. C'est pour une dynastie disparue qu'il semble se lever, mais c'est bien pour la France qu'il prend la parole. La France est au fond de toutes ses pensées, sentiment admirable qui lui dira, plus que tout, le secret de son succès populaire : il a jeté le baume de sa colère patriotique dans la plaie ardente, et la plaie a tressailli de partout. Il porte le flambeau dans l'atmosphère nébuleuse où l'on nous emprisonne, il déchire en passant les misérables haillons dont on habille à la hâte la Liberté des trois grands jours : il met un doigt flamboyant sur chaque ulcère qui nous ronge,

il parle à la Nation par les trous que l'on fait au drapeau de Juillet ; et d'une main courageuse, il marque
au front pour la vie, d'un stygmate dévorant, la Royauté
paralytique. Honneur à lui !

C'est une bien grande témérité à nous, patriote
obscur de la jeune France, d'élever la voix après
un langage si magnifique, qui a retenti déjà dans toute
l'Europe, comme un bruit de haute vertu. Sa parole,
en courant, a pris toutes les émotions qui étaient dans
les cœurs. C'est une faculté du génie de ne rien laisser
après soi. Les opinions, les théories, les dogmes politiques ont disparu devant une si belle éloquence. Il a
parlé français, et tous les Français ont compris. Il est
un ordre d'idées généreuses qui sont de tous les temps,
de tous les partis, de toutes les âmes. Quand il s'agit
de quelque chose de grand, il y a unanimité de suffrages. M. de Chateaubriand a le merveilleux privilége de chatouiller toutes les sympathies, s'il ne
triomphe pas de toutes les convictions. Il est royaliste
pour les royalistes, mais il est national pour la France.
S'il n'a pas convaincu la généralité des esprits sur la
question de dynastie, il les entraîne tous dans la
question d'honneur. Son royalisme a trouvé l'art d'être
patriote. Voilà un progrès de la raison publique. C'est

une conquête de la révolution d'avoir ramené les croyances monarchiques sur le terrain de la nationalité. On n'est pas loin de s'entendre quand on se place dans la sphère de l'indépendance. Les préjugés de vieille date battent en retraite. On se rencontre dans le dévouement au pays.

Dans les parties de son ouvrage qui traitent de notre situation politique, le noble écrivain est admirable et d'une force irrésistible. Tout ce qu'il y a d'esprits généreux en France adoptent sa vaillante critique du présent. Dans les parties qui regardent la nature du gouvernement qu'il croit le meilleur, une fraction seule du pays adoptera ses éloges du passé. Le peuple s'est séparé sans retour de la dynastie qu'il cherche à faire valoir, non par la reconnaissance mais par la pitié. La politique de sentiment n'a plus de séductions aux yeux d'un Peuple qui veut ses droits et qui n'oubliera pas qu'on les a violés. Les affections du noble écrivain, les inspirations de son âme ont égaré sa raison d'homme d'état, en lui faisant prendre ses espérances pour des essais possibles. La France est lasse de ces essais : on l'a horriblement trompée. Deux funestes épreuves lui ont donné la mesure du patriotisme des Bourbons ; elle n'en veut plus.

Je demande pardon à l'homme de génie, au défenseur de l'honneur national, d'oser, moi sans nom, combattre ses doctrines par des doctrines diamétralement opposées. Heureusement que mes principes n'ont pas besoin d'un grand talent pour se défendre, ils se protégent d'eux - mêmes, ils viennent du Peuple. J'ai donc pour moi, dans ce combat inégal, à défaut de mérite d'écrivain, ma conviction patriotique, mon dévouement profond à mon pays, et ma vertu d'homme libre. Ma conscience fera tous les frais. Je parlerai sans haine, sans amertume ; je dirai ma pensée. La vérité est la voix de l'âme.

Je m'adresse à d'autres sympathies, à d'autres cultes politiques. Ce sera là mon élément de succès. Obligé de rédiger ma brochure comme des articles courans de journal, et de l'envoyer feuille par feuille à l'impression, au fur et à mesure que j'en ai esquissé quelques pages, dans la marche dydactique que j'ai suivie, restreint presque partout aux limites du raisonnement, il m'arrivera souvent de sacrifier la forme pour le fond. Je compte sur l'indulgence du public et de mes amis en politique. Je n'ai pas l'avantage, comme le grand coloriste auquel je réponds, d'improviser sur un trépied. Il faut que j'explore sa pensée pas-à-pas pour en signaler les brillans écueils. Mes impressions seront secondaires. J'aurai toujours l'œil sur sa poétique brochure, et je ne sentirai que d'après ce qu'il aura senti. Puisse-t-il lui-même me toucher de sa flamme électrique ! Et moi, puissé-je n'être pas comme cette imprudente mortelle de l'antiquité, qui, dans son amour pour le dieu du tonnerre, le voulut voir dans tout l'éclat de sa divinité, et fut dévorée à l'instant par la foudre immortelle.

J'entre en matière.

A quel propos la brochure de M. de Chateaubriand a-t-elle paru? Est-ce bien pour repousser la proposition de l'honorable député de Briqueville? N'est-ce pas plutôt un plaidoyer monarchique en faveur du duc de Bordeaux? L'ouvrage entier du noble vicomte est là. La pensée-mère qui domine l'ensemble, qui se reproduit sous mille formes, qui s'incorpore à chaque phrase, est résumée en faisceau dans la conclusion. La loi de bannissement en est le prétexte, la satire amère et juste du gouvernement actuel le moyen, la candidature de Henri V le but. Nous prouverons l'urgence et la nécessité du décret d'expulsion : nous serons d'accord avec l'auteur de la Philippique pour stygmatiser un système qui n'en est pas un ; et nous arriverons à une conclusion toute différente de la sienne.

Avant de passer à l'examen de ces propositions, il faut nous assurer du terrain et y planter notre drapeau. Il est bon de s'expliquer et de s'entendre sur le véritable sens des mots, et sur la nature des principes invoqués dans les deux camps.

Nous définirons la légitimité d'origine comme point de départ, nous remonterons à l'histoire de la restauration et du gouvernement des Cent-Jours. Nous dirons quelle était la mission du pouvoir de juillet. Nous démontrerons l'impossibilité d'une troisième restauration au profit de Henri V, et après avoir examiné les causes du malaise actuel de la France, nous expliquerons ce qu'il fallait faire après les journées de juillet. Ainsi nous traiterons successivement de la restauration, du gouvernement des Cent-Jours, de la révolution de juillet et de la monarchie quasi-légitime.

# PROPOSITION-BRIQUEVILLE,

RELATIVE

## Au Bannissement des Bourbons.

———

Quand la Sainte-Alliance eut non vaincu, mais triomphé par la trahison, la Nation fut proscrite; on la dépouilla, on déchira son drapeau glorieux, on la mit au ban de l'Europe. Aujourd'hui la Nation s'est relevée; la Sainte-Alliance a été vaincue par la révolution des trois journées; la Nation est rentrée, sinon dans sa gloire, du moins dans sa souveraineté que la coalition des rois lui avait extorquée au profit d'une famille qui ne fut sur le trône que le fondé de pouvoirs de la Sainte-Alliance. La Nation proscrite en 1815, proscrit à son tour en 1830 : elle rejettera de son sein par une loi, non de vengeance, mais de justice, mais de sûreté, la famille intrônisée par l'étranger. Ce n'est pas seulement une proscription de victoire, c'est un droit naturel qu'a le corps social d'expulser qui veut ou qui peut lui nuire. Chaque pays a ses nécessités de salut. Il faut, comme dans les maladies dangereuses, neutraliser le principe qui désorganise. C'est le droit qui devient le fait, et qui en est l'essence; entre le droit et le fait, il y a corrélation intime; c'est l'unité, c'est la justice qui procède du droit sanctionné et garanti par le fait.

Le brave colonel de Briqueville a rempli dignement son double devoir de citoyen et de patriote, en proposant le bannissement à perpétuité des Bourbons, et la Chambre des Députés a fait le sien en adoptant la proposition à l'unanimité. Il faut espérer qu'il en sortira une loi toute nationale d'éternelle expulsion : c'est le vœu du peuple. On doit se souvenir que le colonel de Briqueville donna le dernier coup d'épée française à la coalition européenne, après la retraite de Waterloo; il était de cette belle et dernière victoire de Versailles, qui protesta si énergiquement contre le retour des Bourbons, et qui fut, pour ainsi dire, le dernier soupir illustre de notre révolution. Comme alors, l'honorable et loyal député est remonté sur la brèche pour repousser l'ennemi, non avec sa brave épée qui sommeille jusqu'au grand jour du réveil, mais avec le bouclier de la loi. C'est la troisième fois que la Nation portera un décret d'exil contre la même famille : ce sera la dernière. Le temps et l'expérience ont convaincu les Bourbons d'incorrigibilité. Chaque retour de cette dynastie, sous l'empire de la fatalité, a coûté du sang, des larmes et du déshonneur à la Patrie. C'est par des calamités nationales qu'ils y sont toujours rentrés ; il a fallu de larges brêches à notre indépendance pour y faire passer leur Monarchie haineuse, portée sur le corbillard de la gloire. Ils ne sont arrivés au palais de leurs pères qu'à travers les funérailles de la France, dont l'étranger menait le deuil.

Le pouvoir actuel, quelqu'illégalement établi qu'on le suppose, n'en est pas moins pouvoir par l'œuvre populaire. C'est du travail du peuple qu'il est né ; comme le chargé d'affaires de la Révolution, il est dans ses attributions de tout essayer pour assurer les intérêts de cette Révolution. Eh ! quoi parce qu'on refuse à la Nation le plein exercice de ses libertés, le prix de sa victoire, faudra-t-il qu'on laisse cette victoire à la merci du premier prétendant royal ? Or, les intérêts du peuple français exigent le bannissement des Bourbons ; c'est des Bourbons qu'il a triomphé. Un ennemi vaincu n'en est pas moins un ennemi, un Bourbon est toujours Bourbon.

.2

Ne serait-ce pas une ridicule imprudence, une générosité de dupe, une faiblesse coupable, d'attendre
de nouveaux attentats de la dynastie déchue pour lui
riposter par un décret tardif d'expulsion ? Quoi ! l'on
veut que le mal soit venu pour le repousser ? Mais en
bonne politique, les mesures de salut public doivent
plutôt prévenir que venger. On connaît les desseins,
les préparatifs possibles, le crime de préméditation,
disons mieux, le crime originel des Bourbons ; et l'on
n'en détruira pas à l'avance les tristes effets ? Les entreprises des prétendans coûtent cher aux peuples.
Leurs réactions, même impuissantes, troublent l'ordre
social, et pour quelques infortunes royales qu'on
craint de consacrer au nom du bien public, il faut
laisser la carrière ouverte aux calamités nationales.
La possibilité d'un retour sans danger entretiendrait
l'espoir coupable des partisans de la dynastie tombée ;
on serait aux aguets d'une occasion pour frapper de
grands coups à l'abri de l'impunité. Quoi ! la Vendée fume encore, et l'on n'écartera pas avec le glaive
de la loi la main qui propage l'incendie ! Les proscriptions doivent suivre, dit-on, et non précéder les
ravages de la guerre civile. Mais quand la guerre
civile aura fait ses blessures à la patrie, l'expulsion
des chefs empêchera-t-elle que ces blessures n'aient

été faites ? La Patrie en aura-t-elle moins souffert ? Non, il faut une loi qui soit un abîme à la frontière. Si la Chambre des Députés n'ose ou ne veut pas la porter, ce sera un déni de justice nationale, un procédé de la peur, un en-cas de prudence pour l'avenir.

Charles X et son fils ont abdiqué non de leur propre gré, mais par la volonté du peuple; qui, du reste, s'inquiétait fort peu de leur abdication; en jetant aux vents les débris de leur trône. Ils ont offert, à l'extrémité, un changement de ministère, comme par dérision; mais la Nation a provoqué un changement de dynastie. Ce n'est pas la plume de Saint-Cloud , ni le sceau royal qui a sanctionné leur déchéance , c'est la pique du peuple qui a écrit sur les murs des Tuileries avec le sang des morts de juillet : *Plus de Bourbon! Maison à vendre.* — Il est vrai que les habiles y ont substitué le lendemain : *Maison à louer*, et en effet ils l'ont louée!....

Les Bourbons n'ont point déposé la couronne par droit héréditaire, ce droit n'existait pas, sur la tête d'un enfant qui n'était plus rien en face de la Nation armée. Ils l'ont jetée dans leur fuite sans savoir où : elle est tombée dans la gueule du lion, qui l'a broyée

entre ses dents sanglantes , et en a avalé les débris.
Qu'importe aujourd'hui que Charles X ait ou n'ait pas
abdiqué ? Ce n'est pas à cause de cette abdication qu'il
n'a plus de titres, c'est parce qu'il est Bourbon, aux
yeux du pays. Reconnaître son abdication, ce serait
reconnaître les droits de son successeur, parce que,
lorsqu'une abdication est consentie par la Nation, elle
est par cela même indivisible. Mais il y a eu révolution, le peuple a brisé le joug de l'étranger, il est rentré
dans sa souveraineté. La souveraineté nationale ne reconnaît que son droit éternel. La monarchie est bien
morte, et du fait de la Nation.

Le duc de Bordeaux était sans doute innocent des attentats de ses parens, mais sa naissance était un crime.
Il n'est venu à l'idée de personne de le séparer de sa
famille, et dans l'expulsion et dans le bannissement. Il
est héritier de Charles X, selon ses partisans, et non
selon le droit réel; il porte l'avenir en lui, cela suffit.
C'est donc sur lui que doit peser surtout l'ostracisme
populaire. Son âge n'est pas une raison de pardon.
Quelques voix isolées se sont bien élevées en sa faveur à
la suite de la révolution. On a reconnu l'indivisibilité
de la dynastie; il en était, et, par conséquent, ennemi public. On ne dira pas dans la loi : C'est un enfant,

mais c'est un Bourbon. Il est légataire de la proscription. C'est en son nom que l'on conspire; son nom est devenu le mot d'ordre du désordre; c'est par lui que l'État est agité; c'est pour lui qu'on le trouble; il en devient responsable. Entre le pays et un enfant, doit-on hésiter? D'un côté des ravages, de l'autre un exil : que doit-on bannir ou la paix publique ou l'enfant royal?

Ce n'est pas son sceptre, comme on ose le dire, que Louis-Philippe porte aujourd'hui ; il règne, si ce n'est selon l'esprit de la révolution, c'est du moins par le fait de cette Révolution. Il est roi d'une nouvelle royauté. Si c'est une moitié du sceptre de Charles X qu'on lui a mis dans la main en y adaptant un lambeau de drapeau tricolore, malgré cette semi-légitimité, il doit avoir fait scission complète avec son ancienne famille, en entrant dans la Révolution. C'est la Révolution qui est devenue ou qui doit être devenue sa famille. La Patrie doit avoir pris toutes les places du cœur, ou l'ambition. Il doit avoir cessé d'être Bourbon en commençant une dynastie nouvelle. Sa royauté n'a rien de commun avec l'autre. Lorsque Charles X lui a lancé de Saint-Cloud, comme un filet pour le prendre au saut vers le trône, la lieutenance générale,

Charles X n'était plus rien, et Louis - Philippe, dont la Révolution s'emparait, ou qui s'emparait de la Révolution, n'était plus maître d'accepter la tutelle du duc de Bordeaux, soit que le peuple fût à lui, soit qu'il fût au peuple. Deux nécessités se présentaient au duc d'Orléans, ou le pouvoir à l'Hôtel-de-Ville, ou l'exil dans le vaisseau du roi. Il a mieux aimé la Patrie avec le pouvoir, que sa parenté avec l'exil : voilà tout. Ce n'est donc pas lui qui proscrit, c'est la Révolution. La royauté de Louis-Philippe n'est que l'exécutrice de la souveraineté de Juillet. Or cette souveraineté a été déléguée par la Nation ou lui a été prise, qu'importe! Son cœur n'a plus rien à faire dans la loi de bannissement. Il n'est plus Bourbon, ou il ne devrait plus l'être, il est roi : voyons la question sous une autre face. On a beau répéter que Louis-Philippe a été arraché de ses foyers domestiques pour être précipité dans son élévation, et que c'est lui faire violence que de lui imposer avec le pouvoir la proscription de l'enfant dont il occupe le trône. D'abord le trône n'est qu'à celui qui le donne, au peuple donc. Comme roi, ou de droit ou de fait, il doit à la sûreté du pays de fermer la Patrie au candidat des conspirations. Puisque Louis-Philippe est roi, c'est qu'il s'est offert ou qu'il a consenti librement à l'être. Il n'a

été nullement question de sacrifice et de dévouement.
Ce n'est que lorsqu'on abdique comme Napoléon que l'abnégation est grande, noble et réelle : on se dévoue quand
on descend et non pas quand on monte. Un trône n'est
pas un échafaud : il a ses fiches de consolation. Le
Palais-Royal depuis long-temps, ce me semble, s'était
changé en vestibule des Tuileries : il y avait commu-
nication secrète. La cloison n'était pas grande qui sé-
parait les deux dynasties. Une main se tenait prête
sous la tapisserie pour saisir le sceptre au passage, en
cas de déménagement, l'histoire le dira. Quand on
s'est assis à la place d'un autre, j'accepte la version
des légitimistes, c'est avec le sceptre qu'il faut l'écar-
ter. Le cœur est un sophisme en politique. La raison
d'état est la loi suprême. On ne règne pas avec le cœur
mais avec la tête, mais avec la loi. La loi n'est pas
homme ; elle est sans entrailles.

Est-il bien vrai que la famille royale n'ait emporté
sur la terre étrangère de sa royauté de quinze ans que
quelques misérables lambeaux de fortune? Est-il vrai
que son exil soit pauvre? Qu'a-t-elle fait des milliards
de la France? C'est la Patrie qu'ils ont épuisée qui est
pauvre et non pas les Bourbons. Plaignez donc la misère du peuple : gardez votre pitié pour les souffrances

de la Nation. Charles X n'aura pas fait des ingrats sur les trônes de la Sainte-Alliance. Il a trop bien gouverné pour eux, pour croire qu'ils l'abandonnent à ses infortunes de roi-martyr. Il y a long-temps que l'on sait en France que les bienfaits de l'hospitalité des rois ne manquent pas à l'exil des Bourbons. Ils sont trop bien les ennemis du peuple pour n'être pas les amis de ces rois. On ne les envoie pas, eux, à Sainte-Hélène avec des ambassadeurs pour assister aux progrès de leur mort. Leur infortune a toutes les sympathies des puissances : ils ont la clé de toutes les cassettes royales. Je ne crois pas à la détresse d'un prince qui a cherché des ennemis à la France pendant vingt ans. Il n'a pas même perdu de Patrie ; la Patrie est pour lui dans la Sainte-Alliance.

On doit mettre hors la loi en pleine paix pour n'être point en pleine guerre. La République et l'Empire en ont donné l'exemple, parce que la raison d'aujourd'hui était la raison d'alors. Les complots de l'émigration pendant vingt ans ont constaté la sagesse d'une telle mesure. Les désolations de La Vendée, les turbulences du midi, et les trahisons de 1814 n'ont pas convaincu la loi d'injustice.

Pourquoi donnerait-on un arpent de terre à la famille royale dans son antique héritage, [comme M. de Chateaubriand le demande, plutôt poétiquement qne rationellement? Ce serait la moisson de Cadmus qu'on y recueillerait. Cet arpent funeste, ce *campo santo* de la légitimité se changerait bientôt en champ d'asile de la conspiration. On y creuserait une tombe à la liberté.

On prétend que la loi de proscription contre la dynastie des Bourbons de la branche aînée, si elle est portée, et elle doit l'être, n'étant qu'une suite obligée de la révolution, ne sera là que pour prévenir les tentatives, et satisfaire, par une menace officielle, la volonté publique ; mais que l'exécution n'aurait pas lieu si le cas arrivait : que nos mœurs s'y opposeraient. Sans doute si l'infraction à la loi se fesait clandestinement et sans danger pour le salut de l'état, on suivrait plutôt le vouloir des mœurs que de la justice. Mais une infraction hostile entraînerait d'autres conséquences. La dynastie déchue ne passerait sur le corps de la loi que pour aller au trône. Or, si la loi le souffrait, le peuple se ferait loi ; la monarchie héréditaire ne lui passerait pas sur le ventre à lui ; au premier bruit, il serait debout et le bras levé. La paroisse de Charles X parle assez haut dans sa solitude;

le peuple l'a fermée pour avoir commis une cérémonie de légitimité ; il y a des abîmes de sang entre cette légitimité et la France : il faudrait le combler encore avec des débris de champ de bataille pour le franchir.

Il ne s'agit plus d'exhumer aujourd'hui les fantômes de Charles I et de Louis XVI; le passé est hors de la question; il ne s'agit plus de l'auguste prisonnière du Temple qui doit ses royales misères de cœur à l'esprit de vertige de sa famille ; ni du poignard de Louvel, enmanché dans une loi pour frapper la veuve de sa victime et consommer ainsi le mariage du meurtre ; ni d'un échaffaud pour le jeune Henri V., ce fils de la tombe. La France ne veut rien de leur sang, ni de leur présence. Il s'agit de la patrie que les Bourbons ont laissée toute mutilée, à qui la légitimité avait fait un carcan de sa couronne, et qui portera longtemps sur son front les traces profondes du plomb royal. La Nation n'a-t-elle pas aussi ses funestes souvenirs ? Allez sur les tombeaux du Louvre, et demandez aux ossemens quel fut Charles X ; appellez sur la place de Grève les noms des quatre victimes de la Rochelle, décapités de par le roi, un jour de grand gala à la cour : lorsque vous passerez près de l'Observatoire, à la grille du jardin des Pairs, demandez au passant le mur contre lequel s'applatirent les balles qui brisèrent un crâne de maréchal de France. Et si la famille royale a sa veuve et son orphelin, entrez chez le peuple, vous y trouverez aussi des veuves et des orphelins qui ne conspirent pas, et qui pourraient aussi demander à la monarchie criminelle compte de leurs époux et de leurs pères. Ils ne s'en plaignent pas, car ils sont morts pour la liberté. On parle de Louvel, mais la lame ne lui fut pas mise à la main par l'étranger; il l'aiguisa sur les pierres de Waterloo; et quand il eut frappé, non le prince mais sa race en lui, c'est à l'autel de la patrie qu'il porta l'offrande de son crime et de sa vie. Sa tête a payé le meurtre d'un homme. Mais le meurtre prolongé d'un population est-il donc si peu de chose que vous ne vous en souveniez pas! Sur cette tête blanchie et vénérable du roi mitrailleur ne voyez-vous pas de taches rouges? pourtant il n'y a plus de diadème pour les cacher. Faut-il avoir porté couronne pour n'être plus un assassin? Le crime a-t-il son inviolabilité sous le sacre? La restauration n'a-t-elle pas eu ses poignardeurs à gages pour aller tuer un empire dans la poitrine de Napoléon? Mais quand on tient le fer pour de l'argent, on fait comme le Cimbre de Marius, on recule non devant le forfait, mais devant la majesté du grand homme; c'est quand on frappe pour

la patrie qu'on trouve le cœur. — Voyez Brutus,
Voyez Louvel..

Puisque l'on a remué les cendres du passé pour
y chercher des raisons de noble pitié, j'y vais fouiller
aussi ; et j'y trouverai l'inventaire de ces prospérités
de seize années, de ces souvenirs de grandeur et de
gloire dont on fait tant d'honneur à la monarchie légitime. Entrons dans l'histoire ; les faits ont leur éloquence inexorable ; là plus de cour et d'attachemens
aveugles ; les actes portent leur sentence avec eux.

Ceci nous amène à dire ce que fut la restauration,
sur quel dogme elle était basée, et quelle mission elle
avait à remplir. Mais comme ses partisans, les royalistes
purs, en prétendant s'attacher au malheur bien moins
qu'au succès de l'avenir dont ils pourraient espérer
profit et vengeance, reposent leurs espérances sur le
triomphe de la légitimité, il faut leur répondre. Avant
d'entamer la restauration, attaquons sa base.

# De la Légitimité.

Dans toute société qui commence ou qui se réorganise, il n'y a de légitime que ce qui est l'expression de la volonté générale. Le pouvoir n'est qu'un mandat, à la condition qu'il sera bien rempli par le mandataire dans l'intérêt de tous. La volonté de tous, qui est la loi, s'exerce et s'exécute au nom de la raison sociale, ou par des assemblées nationales, ou par des délégués à vie, ou par des chefs héréditaires; de là les Républiques et les Monarchies. Chaque Monarchie tire son origine de l'élection, mais de l'élection générale. Les peuples consentent à la transmission du pouvoir dans une famille, pour éviter le conflit et les dangers des ambitions, mais avec l'obligation aux membres de cette famille de se conformer aux vœux et aux intérêts de la masse. Le droit de changement reste à la nation ; il arrive quelquefois qu'elle s'en laisse dépouiller par l'habitude de l'obéissance. Le chef suprême, qui l'était au nom de la Nation, le devient pour son propre compte : c'est le despotisme. Ses successeurs regardent la puissance comme leur propriété. L'hérédité se constitue en droit, mais le droit est ailleurs ; un jour vient où le Peuple, qui finit par se le rappeler, le reprend violemment. Le contrat des temps est rompu. C'est ce qui est arrivé en 89 ; la France a ressaisi sa souveraineté dans la salle du Jeu de Paume. L'Assemblée nationale renouvelle le pacte d'alliance en 91 avec son roi, redevenu sujet de la loi. Mais le roi conspire avec l'étranger pour annuler ce pacte qu'il avait juré d'observer ; sa royauté est dissoute par une insurrection populaire ; la Nation reprend de nouveau son droit de souveraineté. La République se lève pour défendre ce droit les armes à la main. Sa lutte avec la ligue des rois est sublime ; elle triomphe, mais elle se débat dans son épuisement ; elle expire dans les bras d'un soldat heureux, qui se met à sa place. Les suffrages de la Nation changent son coup d'état en légitimité. Napoléon règne, la liberté s'évanouit dans la gloire ; mais les intérêts nouveaux de la révolution française s'enlacent à la couronne impériale. Napoléon, c'est la révolution qui s'est faite homme, c'est la souveraineté nationale habillée en Empereur. Et ce qui le prouve, ce sont les coalitions inexorables des puissancesd e l'Europe pour le renverser, comme on avait voulu renverser la République. Ce sont les conspirations sans cesse renaissantes des Bourbons et des émigrés qui nous font partout des ennemis : ce sont les trésors de l'Angleterre semés sur le continent pour détrôner l'élu de la Nation française. Si jamais le colosse succombe dans la lutte, fatigué de victoires, les puissances rivales se partageront les lambeaux de son vaste empire. Lui tombé, la révolution est vaincue, car l'Empire, malgré ses erreurs de vanité, était une dictature révolutionnaire. La coalition replacera sur le trône du passé, avec le mensonge d'une Charte, qui n'est qu'une carte de sûreté, la famille proscrite par le soulèvement du peuple. Pour détruire les principes de la révolution, détrônée dans Napoléon, on invoquera le principe de la légitimité de naissance, non comme venant du choix de la Nation, mais comme venant de la succession des siècles. Cette légitimité, basée sur un droit de propriété, est imposée par le droit de la force. Elle s'inscrit en faux contre la régénération de 89, dont le principe était tout démocratique, et Louis XVIII, en rentrant dans le palais de ses pères, date ses ordonnances du bon plaisir de la vingtième année de son règne, comme s'il n'y avait pas eu de révolution : en était-il moins un usurpateur par la conquête de l'étranger ?

On reconnaît trois légitimités, quoiqu'il n'y en ait réellement qu'une, puisqu'elle exclut les autres par cela qu'elle est une légitimité. C'est la même considérée sous trois faces. Légitimité de race ou de succession selon les royalistes, légitimité de fait ou d'avènement selon les orléanistes, légitimité de droit ou de nation selon les républicains et les napoléonistes. On pourrait les résumer ainsi : légitimité du temps, du moment, de toujours. L'une remonte au passé, l'autre se rattache au présent, et la troisième, la plus réelle, qui est dans le passé, qui ne sort pas du présent et qui plonge dans l'avenir, légitimité impérissable qui a ses racines dans la Nation même, ou plutôt qui est la Nation. Ainsi la première est une famille, la seconde un accident, la troisième un peuple. Dans tous les cas les légitimités de race et de fait, pour n'être point des usurpations, doivent provenir de celle du droit, c'est-à-dire de la volonté et de la sanction nationale ; car les familles ne sont pas une variété de l'espèce humaine appelée souveraine ; elles passent, le fait détruit le fait, mais le droit

est permanent avec la Nation. Là où il n'y a pas nomination, élection, assentiment des suffrages du peuple,
il n'y a point droit, et partant, point de légitimité.
Une usurpation ne cesse point de l'être par la durée
ou par la tolérance. Toute usurpation porte dans ses
flancs sa gangrène politique qui doit la tuer. Quand
elle tombe, c'est la justice du Peuple qui se lève.

Les légitimistes de succession, effrayés de l'absence
du droit dans la dynastie des Bourbons, s'appuient sur
les avantage de l'hérédité, comme légitimité plus calme
et plus assurée. Mais ils oublient que cette hérédité ne
date que de l'invasion étrangère, ou que du moins son
droit ne découle que de cette source odieuse.

# Première Restauration.

On dit que les alliés, en passant le Rhin pour envahir la France, ne pensaient pas au rétablissement des Bourbons : que la force des choses, après la capitulation de Paris, remit le sceptre antique à leurs mains qui l'attendaient depuis vingt ans. Il n'en a pas moins fallu l'invasion du pays et les triomphes de la coalition pour le leur rendre. Ce n'est pas à Paris qu'ils l'ont retrouvé; c'est de Londres, de Moscou et de Vienne qu'il leur a été porté. Or, que voulait la coalition? Le renversement de Napoléon et l'affaiblissement de la France. Qui dirigeait la coalition battue à Jemmapes, à Marengo, à Austerlitz, à Iéna, à Wagram, à Bautzen et à Montmirail? L'Angleterre qui en était l'âme et le nerf par ses finances. Quel était le but de l'Angleterre? De détruire l'influence et la suprématie de la France

sur le continent. Sa haine de rivalité éclata contre la
République par le système de Pitt, et contre Napoléon
par le système de Castelreagh, continuateur de Pitt :
c'était l'aristocratie contre la démocratie. L'Angleterre
avec la coalition d'un côté ; la République avec la terreur, Napoléon avec la gloire de l'autre. Sous le drapeau britannique tous les intérêts de la vieille société ;
tous les intérêts de la nouvelle sous le drapeau tricolore. En France la révolution, la contre-révolution
partout ailleurs. Pourquoi la première coalition mar-
cha-t-elle contre nous ? Pour rétablir la souveraineté
de Louis XVI. Quel a été le résultat de la dernière ?
Le rétablissement de la souveraineté de Louis XVIII.
Nous voici à la restauration. Le but du traité de Pilnitz
a été atteint au congrès de Vienne. Que fut donc la restauration ? Le triomphe du pouvoir royal sur le pouvoir
populaire. La restauration se divise en deux époques
bien distinctes qui se formulent ainsi : Première restauration, déchéance de Napoléon par l'Europe : Seconde restauration, déchéance du Peuple par les Rois.
L'une consacrée et close par le traité désastreux de
1814 ; l'autre par le traité désastreux de 1815 à Paris. Deux restaurations, deux désastres.

Première Restauration. — A part les succès de l'ennemi, elle commença par les sommités sociales. La trahison vient rarement d'en bas. Elle ne monte presque jamais, elle descend toujours ; les hautes classes craignent de se déranger de leurs jouissances de vanité. Chaque pouvoir qui tombe n'entraîne que quelques rares fidélités dans sa chute, si le pouvoir qui le remplace semble porter en lui le germe d'une longue existence. Il est des familles qui exploitent les dignités, comme une propriété inévitable, de quelque part qu'elles arrivent. L'aristocratie des honneurs transporte sa légitimité d'accaparement de pavillon en pavillon, n'importe la couleur. Elle dessert tous les autels, pourvu que le Dieu tienne en sa main une corne d'abondance inclinée vers elle. Ainsi la monarchie de la restauration fut bâtie, sur un môle à part du peuple, au confluent de la trahison et de la contre-révolution.

Trente sénateurs, impatiens de sauver leurs dotations du grand naufrage de l'Empire, jetèrent leur ancre de salut dans les parages de l'ennemi. Gagnés à la Russie, ils désertent la cause nationale. Instrumens d'Alexandre, ils se font le bélier qui donne les premiers coups au colosse impérial. A force de peur ou de corruption, ces trente déserteurs, pour échapper au crime, se précipitent dans un crime plus grand. Au mépris de leur mission de sénateurs, sans mandat du pays, ils usurpent le pouvoir souverain, et proclament de leur propre autorité factieuse, au profit de l'étranger, sous la lance des cosaques, la déchéance de leur bienfaiteur et du chef légitime de la Nation.

Le peuple et l'armée restaient encore au monarque de la révolution ; l'armée, véritable foyer de patriotisme où la flamme sacrée ne meurt jamais ; le peuple, qui, n'ayant de la civilisation que les travaux et les privations, n'a d'autre bien à lui que l'honneur du pays. Napoléon se restait à lui-même : Sa renommée était encore une puissance. Il pouvait prolonger l'agonie terrible de son Empire en convulsions sanglantes. Une Vendée impériale eut encore fait trembler l'Europe ; mais la patrie en eût souffert, il abdiqua. La guerre civile n'est pas la guerre d'un grand homme.

Un gouvernement provisoire, né de la trahison, gouverne pour les alliés. Il investit de la lieutenance-générale du royaume le chevalier errant du vieux régime, ce comte d'Artois, qui n'a jamais su mettre l'épée à la main pour passer à travers le danger. Il est vrai que pour le bien recevoir, le gouvernement, usurpateur du provisoire, avait fait disparaître le drapeau de la victoire et la cocarde nationale par un décret de courtoisie. Le drapeau blanc seul pouvait devenir le signe d'alliance avec la coalition étrangère. Seul il pouvait couvrir la trahison comme on couvre la marchandise.

Le comte d'Artois ne voulut pas rester en arrière des procédés du gouvernement, et courtoisie pour courtoisie, avec sa grâce accoutumée, d'un trait de plume, dans une convention qui convenait à son caractère, il livre à la vengeance de l'étranger cinquante-trois places fortes de France, un matériel immense, douze mille canons qui n'avaient plus rien à dire pour la Patrie, quarante-deux vaisseaux, et, par-dessus le marché, l'honneur de vingt années de triomphes, digne début de celui qui devait se nommer Charles X! C'est ainsi qu'il prenait possession de la France; c'est ainsi qu'il préparait le débotté de la légitimité royale, et pour billet de logement aux Tuileries on lui donnait l'ignominieux traité de Paris. Voilà pourquoi sans doute les Bourbons effacèrent du cercle de notre monnaie cette belle parole de l'Empire : *Dieu protège la France*, pour y substituer la prière de l'égoïsme monarchique : *Domine salvum fac regem...* L'empire était à la France, la restauration au roi.

Il arrive enfin ce roi si bien précédé par son frère,
qui lui a fait, pour le passage, un si grand abatis d'indépendance; il arrive avec le passeport de l'Angleterre
pour le trône de France; il arrive sur le char de la
coalition, et les Tartares avec les Sarmates forment la
haie et la voûte d'acier sur sa route; heureux pourtant
d'avoir pour sauf-conduit la popularité de la paix après
vingt ans de guerre. Peuples fatigués, ouvrez les rangs,
laissez passer, non la fortune, mais la honte de la
France, le déshonneur très-chrétien de la monarchie
antique.

L'émigration triomphe par droit de conquête étrangère. Elle remonte sur le trône rajusté de Hugues Capet avec le dix-huitième Louis, ce roi déjà frappé de
mort, ce monarque à moitié perclus du cœur comme
du corps, symbole de sa légitimité revenue d'Angleterre. Après un long cours d'attentats dans les cabi-
nets hostiles de l'Europe, l'émigration, qui enfin a
vaincu par l'Europe, reçoit le prix de ses conspirations
au-delà des frontières. Elle peut inscrire avec fierté sur
le fronton des Tuileries, comme sur un autre Panthéon
des rois ligués : *Aux Bourbons l'Angleterre recon-
naissante.*

Ce n'est pas tout de vaincre, en révolution comme en campagne, il faut assurer la victoire en ne la compromettant pas. Louis XVIII, soi-disant roi depuis vingt-un ans, s'était promis de ne point faire de concessions à la révolution française, d'arborer avec le drapeau blanc le pouvoir absolu. Là était la pensée de l'émigration. Mais l'empereur Alexandre, étonné, comme le doge de Gênes, de se voir à Paris, craignit de hasarder sa victoire, toute mutilée encore, en heurtant de front l'opinion nationale. Il imposa une constitution à Louis XVIII ; Louis XVIII l'imposa à la France par ricochet. La Charte fut le permis d'entrée à l'octroi de la royauté de conquête : un octroi est le fait d'un droit antérieur. C'était méconnaître celui du Peuple.

La Charte n'eût donc rien de légal. Ce fut plutôt un contrat de passe entre la coalition et les Bourbons qu'un pacte d'alliance avec la Nation. On la donna comme une émanation royale, comme un droit de l'autorité héréditaire plutôt que comme un droit du peuple français; ce fut un édit de réforme révocable et viager. Elle ne fut ni présentée à la sanction du pays, ni acceptée par lui. Quelques adhésions intéressées des autorités administratives ne constituent pas un droit ; les lâchetés de quelques corps délibérans n'engagent point le peuple. La Charte fut donc une œuvre de conquête, de prudence pour assurer la conquête, et de mensonge pour l'avenir. Du reste, la convention du comte d'Artois, le traité de Paris, ce crime de l'année 1814., les actes du sénat usurpateur et rebelle, la trahison de quelques chefs achetés, et le préambule de la Charte ne durent pas être un bon oreiller pour le sommeil de la légitimité au milieu d'une Nation belliqueuse et toujours affamée d'honneur. Il est vrai que pour assoupir l'indignation du lion on lui servit le filtre empoisonné de la Charte. Mais le lion se coucha dans ses souvenirs glorieux, en attendant le réveil, tandis que la légitimité royaliste se fit une litière des lauriers insolens de l'étranger et s'y vautra.

Haîne et mépris à la révolution ; telle fut sa devise. Le dogme du droit divin, cette théorie judaïque, c'est-à-dire la doctrine par laquelle on possède une nation comme une ferme, fut hautement professé par l'émigration. Le principe de l'hérédité monarchique fut opposé au principe de la volonté nationale ; on était conséquent, puisqu'on ne tenait pas le sceptre de la Nation ; mais ce dogme de l'autorité, par la grâce de Dieu, et par le baptême de la Sainte-Ampoule, avait eu besoin, pour s'installer dans son ancienne demeure, de la force armée de l'Europe. La légitimité avait aussi le baptême de sang, le baptême du sang français.

Voilà donc la monarchie de l'étranger destinée à combler le vide de la monarchie impériale du peuple. C'est alors à qui s'avilira le plus à ses pieds déjà putrides. Les grands seigneurs des anciennes familles, tout poudreux encore de la poussière du manteau de Napoléon, dont ils portaient la queue, les seigneurs parvenus de la république et de l'empire, incapables de se passer de servitude, les consciences tarées de toutes les époques, les chambellans de la trahison, tous vinrent tendre, à l'aumône de la royauté par capitulation, des mains qui surgissent toujours ; car les puissances de la terre ont, comme la végétation du printemps, leur déluge de chenilles dorées.

La restauration fut une voie de fait, un acte de violence du dehors, un impôt de l'ennemi, une réaction de parti, dont les Bourbons se constituèrent les chefs, enfin le triomphe de l'aristocratie de la vieille société sur la démocratie de la nouvelle. Née de nos désastres, elle aura beau faire le moulinet du sceptre au balcon des Tuileries, elle n'en détruira pas son vice originel.

La France et les Bourbons ne s'épouseront jamais ; la restauration ne sera qu'un divorce de déshonneur. Elle se fera garder par une enceinte de fer, une espèce de cordon sanitaire du passé, formé de chevaux-légers du roi, de mousquetaires du roi, de gendarmes du roi : pour réserve, le régiment du roi, le régiment de la reine. Les vieilles moustaches d'Austerlitz et de Marengo lui feraient peur. Les vétérans de la victoire n'ont rien de commun avec les voltigeurs de l'émigration ; on les tiendra à distance, car la victoire est trop roturière. On ajoutera la dérision à l'insulte. Les organes de la royauté publieront des louanges en l'honneur des Cosaques. On empruntera des troupeaux d'esclaves enregimentés à la liberté fédérale de la Suisse, pour protéger la maison militaire du roi. Un prince royal français s'intitulera leur colonel-général, pour qu'on ne doute pas de son mépris pour nos vieux guerriers, et de sa frayeur du pays. Voilà pour l'armée. —Voici pour le peuple : On gouvernera avec les idées du passé, comme si le peuple avait été dans un état de rebellion depuis vingt ans. Les droits civils promis par la Charte seront méconnus, toutes les promesses violées, les impôts onéreux déclarés valables et remis sur un plus grand pied pour les avidités insatiables de la cour ; le trésor public livré au pillage, les priviléges nobiliaires remis sur leur tapis usé ; les prérogatives du clergé resoudées dans la politique ; la propriété des biens nationaux ébranlée en sous-main ; les emplois et les dignités pleuvant sur les ennemis de la révolution, les Chouans, ces miquelets maraudeurs de la légitimité, et les Vendéens, ces aveugles mais héroïques adversaires de la cause nationale, admis au gaspillage des honneurs et des deniers révolutionnaires : le monument de Quiberon, œuvre d'un courtisan impérial, d'un Maréchal du drapeau tricolore, s'élevant comme pour incriminer notre régénération politique ; les intérêts populaires, les garanties constitutionnelles immolées à des intrigues de cour, les caprices à la place des lois ; la condamnation entière de nos grandes actions proclamée à la face de la France par l'œil de bœuf de 1814 : Ne sont-ce pas là des indices accusateurs de l'esprit de la restauration ? Ne sont-ce pas autant de révélations de ses projets conspirateurs ? Ne sont-ce pas autant de bouches royalistes qui disent à la France : Tu me le paieras ? Résumons.

Vice d'origine, vice d'action, vice d'intention, telles furent les causes de la chute de la première restauration.

D'origine. — Elle était née de la conquête étrangère ; elle se basait sur un droit non sanctionné par la Nation ; elle n'était légitime que par illégitimité. Point de consécration publique, point de droit.

D'action. — Elle marchait en sens inverse du vœu national, d'un mouvement rétrograde , elle se fesait un rempart de priviléges ; elle attentait à nos souvenirs ; elle répudiait un quart de siècle ; elle récompensait les trahisons. Elle n'exécutait pas la Charte ; elle était une réaction.

D'intention. — Elle voulait détruire l'œuvre de vingt années ; déchirer la constitution, quoique octroyée, feuillet par feuillet ; et emprisonner la Patrie dans le palais du roi.

Hors de la Nation, hors de la force, hors de l'avenir.

# NAPOLÉON I<sup>er</sup>.

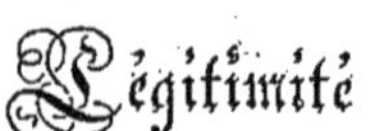

# DU GOUVERNEMENT DES CENT-JOURS.

## NAPOLÉON II.

La guerre civile était imminente : le volcan gron-
dait sourdement ; le peuple commençait à rugir.
L'échafaudage de la restauration craquait de toutes
parts sur sa base improvisée dans la boue et le sang
de la France. La tête de Napoléon parut à l'horizon.
Ce fut un coup de soleil pour la monarchie royale ;
elle en eut le vertige. L'aigle de la victoire d'un coup
de son aile renversa l'édifice anti-national. L'Empereur
du peuple et de l'armée avait entendu la voix de la
Patrie : il n'hésita pas, il se dévoua, il joua sa vie.
Les Bourbons n'avait rien à opposer à un pareil en-
jeu. La partie fut bientôt gagnée, au pas de charge.
La légitimité du droit divin, ne sachant que faire,
travaillée par la peur et l'impuissance, s'agitant dans

le vide, tendant le sceptre de tous les côtés pour qu'on lui donne un point d'appui, sentant au visage le souffle du géant qui s'avance et fait branler sa couronne, lui jette pour l'arrêter une loi d'assassinat. Elle a ordonné de *lui courir sus* à tous ceux qui pourront vouloir un crime. Elle met sa tête à prix, n'osant pas l'aller chercher. A défaut d'une bonne épée, elle est à la quête d'un poignard.

Cependant la Nation se précipite sur la route de son libérateur. Soldats, paysans, gens du peuple, bourgeois, gardes nationales, toutes les classes viennent se grouper derrière son grand nom. Les populations en délire l'élèvent de nouveau sur le pavois de la Patrie. L'armée pleure de joie et d'enthousiasme. La Nation est encore à lui, car elle est avec lui. Le cri de vive l'Empereur est le cri du salut public. Par un coup de fusil tiré pour la dynastie royale. Silence de mort !

Vingt jours suffisent pour mettre à bas la première restauration. Il ne faudra que trois jours pour la seconde. Est-ce là de la légitimité ?

Entendez la voix de Napoléon, à travers les acclamations générales. « Entre le peuple et moi, il y a

» sympathie. Je viens délivrer la France du joug.
» Mes droits ne sont que les droits du peuple. Je
» viens non pour régner, que me fait le trône? mais
» pour rendre la France libre. Je veux être moins
» son souverain, que le premier citoyen de France.
» Je veux faire le bonheur du grand peuple. Éclairé
» par l'expérience, j'ai abjuré l'amour de la gloire.
» Ce n'est pas l'ambition qui me ramène, c'est l'a-
» mour de la Patrie.

» Les rois sont faits pour les peuples et non les
peuples pour les rois. »

Que fait la restauration pour répondre à cette éloquence patriotique? Pense-t-elle au pays? Non, car
le pays ne pense pas à elle. Elle fuit à toutes jambes
vers ses amis nos ennemis. Elle crie : au secours! à
l'étranger. Elle implore la guerre contre la Patrie.
Napoléon laisse échapper les princes conspirateurs,
par pitié, ou peut-être par mépris. Le rendez-vous
est à Gand, comme autrefois à Coblentz. Seulement
c'est un peu plus près de la frontière, progrès de
courage. Gand devient le quartier général des hostilités
contre la France. Le mot d'ordre part de Vienne. La
nouvelle émigration cabale avec la même haine que

l'ancienne pour le châtiment de la Patrie, coupable d'indépendance et d'honneur. Les hommes futurs de Louis-Philippe prêtent les mains à la conspiration parricide. Quinze ans plus tard ce sera leur titre à la confiance du prince.

Avant de partir pour les complots de Gand, les princes du sang s'étaient ravisés de prêter serment à la Charte, sur leur honneur tant soit peu hypocrite ; il était trop tard : les Bourbons n'ont jamais rien fait à point. Ce serment tardif à la Charte prouvait du moins qu'ils n'avaient pas eu jusques là l'intention de lui être fidèles. Ils croyaient donc que la Nation ne le croyait pas. Un serment est une pauvre planche de salut quand la tempête est venue.

Napoléon rentra dans Paris, non comme les Bourbons à cheval sur les canons des alliés, mais seul, escorté de ses mille victoires, et le chemin déblayé par la volonté nationale. Embarqué la veille à Porto-Ferrajo il semblait débarquer aux Tuileries, emporté par le courant de l'opinion et poussé par le vent de la fortune, tant sa marche triomphale avait été rapide. Il ne revenait pas à nous sous des fourches caudines. Sa puissance magique avait pour levier la colonne d'Austerlitz. Avec lui la légitimité nationale triomphait de la légitimité monarchique. Il régnait par le peuple, et le peuple par lui. Ils grandissaient l'un par l'autre, comme toujours. Napoléon nous rendait la gloire avec la liberté de plus, car il revenait à elle, comme à son ancienne patrone. Voilà pourquoi la multitude ne voulait que lui. Il était le représentant des intérêts nationaux, et comme il le répétait avec son énergie accoutumée et son instinct admirable, le premier représentant de la France. Le peuple, juge suprême, ne s'y trompait pas. Il disait : mon Empereur.

Du reste Napoléon, au retour de l'île d'Elbe n'était plus le conquérant, ni le monarque absolu. Il ne restait plus en lui que le grand homme. Il venait apporter son génie à la Liberté.

Sa dictature impériale avait eu son apogée et sa fin. On ne recommence pas deux fois une monarchie universelle. Un empire est comme l'homme : la vie ne sort plus du tombeau. Napoléon voyait loin dans la pensée comme sur un champ de bataille. Il savait mieux que personne que le système continental, cette entreprise gigantesque d'un génie tout national, n'était plus possible. Il avait manqué le coup, le temps en était passé. Mieux que personne, il savait que la France ne pouvait plus être que citoyenne. Son intelligence allait toujours de pair avec les événemens. Dans le cours de son ascension, il n'avait pas cru à l'impossible, à l'aide de la France. Aujourd'hui c'était au possible en faveur de la France qu'il venait prêter aide et secours.

Il passait de la gloire militaire à la gloire civile. Le mot Empire n'était plus que le lien des deux époques. Il ne pouvait pas faire qu'il n'eut vaincu et dominé l'Europe. Ses victoires françaises servaient de manteau à la constitution qu'il allait présenter aux suffrages du peuple. Le char des conquêtes ne devait plus porter que la Révolution; et Napoléon, avec le prestige imposant de son nom, pouvait seul donner à la liberté toute sa force de grand homme. L'Europe le comprenait : le nœud de la coalition était là. Les monarques alliés mirent l'Empereur hors la loi, pour mettre la France hors la suprématie en Europe. Ils poussèrent de tous les côtés au géant, parce que le géant communiquait son énergie à la grande Nation. Ce ne fut pas contre le grand homme qu'ils s'ameutèrent, ce fut contre la France conduite par le grand capitaine. Leur guerre inextinguible ne tendait qu'à faire descendre la France. Napoléon fut le prétexte, notre asservissement le but, et les Bourbons la consécration de la défaite. De là antipathie pour la Royauté, sympathie pour l'Empire.

L'amour des populations pour Napoléon tenait encore à d'autres causes. D'abord on l'aimait pour son génie et pour ses grandes choses. Un homme supérieur qui imprime profondément le sceau de son caractère à un siècle entraînera les masses dans son orbite comme le soleil entraîne les mondes. Il était parti de bas pour aller plus haut que tout. Son origine populaire était un attrait de plus pour le peuple; il avait, d'ailleurs, été lâchement abandonné par ses créatures; il était l'opprimé des rois qu'il avait naguères généreusement couverts de son pardon. Sa gloire malheureusement semblait avoir emporté dans l'exil toute la considération politique de la France, et ses ressources merveilleuses, et sa juste fierté, et le bien-être du pays, et l'éclat de ses grandeurs.

Outre l'amour propre national qu'il avait rassasié, il avait, en le touchant de son sceptre, comme la verge de Moïse, fait jaillir en sources fécondes, et élevé l'industrie, l'agriculture, et le bien-être des classes inférieures presque au niveau de sa puissance. Sa prodigieuse activité s'était comme répandue sur toute la surface de son vaste empire. Que de travaux utiles exécutés sur la grande échelle de sa pensée ! Que de prodiges matériels et nouveaux ! Que de monumens impérissables d'utilité publique ! Que de bienfaits même de son systême continental, réagissant de la circonférence au centre ! Quel accroissement de population, malgré les guerres interminables ! Un perfectionnement universel avait porté la vie dans toutes les veines du corps social, et surtout dans les parties inférieures. Ces résultats admirables de son administration et de sa force créatrice cachaient aux yeux des masses les vices de son pouvoir dictatorial. Oh ! que les Bourbons, en rentrant en France, durent être frappés d'étonnement à l'aspect de ces prospérités qui rendaient leur royaume méconnaissable !...

La Nation, si puissamment remuée par les merveilles de l'empire, s'était trouvée face à face avec des princes quelle ne connaissait pas, et une monarchie sans souvenirs, car un peuple ne se souvient que du présent. Chacun restait chez soi, le peuple dans ses regrets, les princes dans leurs vanités de cour. Le seul point par où ces deux puissances se touchaient, le peuple et la cour, c'était la haine. L'admiration seule engendre l'amour ; le génie appelle la force, et les Bourbons n'avaient rien de tout cela.

On tombe dans une grave erreur de s'imaginer que les populations ne s'attachent qu'aux intérêts pacifiques et matériels ! Les intérêts moraux les saisissent bien plus au cœur. Les peuples de tous les temps ont supporté plus facilement les privations du corps que de l'âme. La pauvreté a toujours moins pesé que la honte. Que de gens préfèrent l'honneur à la vie ! Grands meneurs de sociétés, comprenez-donc qu'une Nation est une personne, et que la gloire est aussi une prospérité publique. Sachez faire sa part au cœur humain. A de grands peuples il faut de grands hommes.

Ces derniers mots renferment le secret de l'ascendant irrésistible et de l'éternelle popularité de Napoléon. Il était le héros de l'indépendance nationale ; c'était là sa magie. Aussi l'enthousiasme n'avait jamais été plus grand que lorsqu'il reparut. Redevenu l'Empereur de la liberté, il semblait recommencer sa puissance avec plus de droits acquis. Légitimé en 1804 par les victoires et les suffrages populaires, il l'était de nouveau en 1814 par les mêmes suffrages et par ses infortunes nationales. Ainsi à dix ans de distance, Napoléon recevait deux fois le sacre du peuple sur le pavois de France ; deux fois la Nation lui déléguait sa souveraineté par reconnaissance. Quelle légitimité fut jamais plus sainte, plus réelle, plus inattaquable ? Les campagnes, les villes, l'armée, les autorités civiles, les gardes nationales, les électeurs, les représentans, la nation enfin sanctionnent à l'envi, dans la plénitude de leur libre arbitre, le pouvoir renouvelé du grand homme par des sermens d'enthousiasme. Il est vrai que les sermens sont de tristes bases pour les puissances de la terre.

Remonté sur le trône populaire, aux acclamations générales, Napoléon offre la paix à l'irréconciliable coalition. La paix est rejetée à cause de son génie et du principe révolutionnaire de son pouvoir. En 1830, malgré ce même principe, on aumônera cette paix, parce qu'on n'en aura pas peur. On fait plus de chemin dans l'esprit des rois à genoux qu'à cheval. La France indignée et se confiant dans la sainteté de sa cause se prépare à la guerre.

Malheureusement la Nation ne peut pas se passer de partis. C'est le pays des divisions, car on y pense

presque partout plutôt à son opinion qu'à sa Patrie.
Il faut l'aller chercher cette Patrie dans les mâles
vertus du peuple. A mesure qu'on s'éloigne de lui et
qu'on monte l'échelle sociale, on rencontre les fictions
ingénieuses de l'égoïsme. L'esprit chasse le patriotisme
des salons. Dans les cent-jours trois partis divisaient
la France. Les royalistes, les constitutionnels, les patriotes. Les patriotes en grande majorité voulaient
avec Napoléon l'indépendance du pays et la souverain-
neté du peuple : les royalistes comptaient sur l'étranger pour la légitimité héréditaire des Bourbons : les
constitutionnels voulaient acclimater en France le
système anglais de la pondération des pouvoirs, avec
un monarque quelconque fût-il même étranger, pourvu
qu'il voulût d'eux. Les chefs de ce dernier parti, qui
aspiraient à régner sous un prince complaisant, s'ar-
rangeaient mieux d'un roi Bourbon. Mais vu l'impopularité de la dynastie décrépite, ils favorisaient en secret
les prétentions mystérieuses de la maison d'Orléans,
qui finissait avec la liberté depuis vingt-cinq ans. Les
constitutionnels n'aimaient pas Napoléon parce qu'ils se
seraient perdus en lui. Leurs théories d'ailleurs récu-
saient la souveraineté du peuple, puisqu'elles admet-
taient l'aristocratie comme contre-poids. Napoléon, ab-
sorbé par les préparatifs de la défense nationale, tiraillé

dans tous les sens par les instances des sectateurs du système représentatif, eut la faiblesse de consentir, malgré la résistance de sa haute raison, à l'inoculation de la pairie dans son gouvernement. Il la disait impossible en France, entre les conspirations de l'ancienne noblesse et les défections de la nouvelle. Un publiciste distingué (1) enlaça le colosse dans ses subtilités spirituelles ; enveloppé d'arguties, le colosse céda, le génie fut battu par l'esprit, et la pairie se faufila dans la constitution impériale. Faute incalculable qui blessa la Nation au vif et lui jeta le découragement au cœur. Il en avait le sentiment, car il répétait à chaque instant : « La France me cherche et ne me trouve plus : il faut que l'on reconnaisse le vieux bras de l'Empereur. » Il eut mieux valu, comme aux jours du comité de salut public, la franchise déterminée d'une dictature patriotique, pour tenir en arrêt avec le bras du peuple ces factions de l'amour-propre, dont les cabales séditieuses, en divisant nos forces, en détruisant l'unité, compromettaient de gaieté de cœur la sureté du pays. Toutes ces coalitions entre deux eaux infectaient la source de la force publique, et fesaient

---

(1) Benjamin-Constant, un des chefs de l'école politique anglaise.

pénétrer au dedans la coalition du dehors. Détestables manœuvres de petites ambitions! Hélas! les Méphistophélès n'ont pas manqué au grand drame des cent-jours. Si l'Empereur eût abrité sa couronne sous le puissant bonnet rouge, avec ce talisman invincible, il eût rompu tous les maléfices de la trahison.

Les vrais républicains, ces hommes-patrie, ces vertus inébranlables, adoptèrent généreusement le gouvernement des cent-jours. La Patrie était en danger; et la vieille République, dans un noble pardon, tendant une main fraternelle à l'Empire, lui disait, comme dans la tragédie de Corneille : soyons amis, c'est moi qui t'en convie. Sainte réconciliation de deux vastes génies, sortis des mêmes flancs! Hymen sublime à l'autel de la Patrie, sous les flambeaux d'une guerre sacrée! Ainsi les Conventionnels, ces illustres ruines de 93, oubliaient l'Empire des victoires pour l'Empire de la Liberté. Ils marchaient avec le peuple à l'élu national, car la révolution se relevait en lui. Carnot, cette probité antique, ce patriote sculpté à la romaine, s'offrit vertueusement aux dignités impériales jusque là dédaignées, dans ces grands jours de péril, comme pour purifier l'Empire, en lui apportant l'autorité de sa grande âme. Il voyait à travers sa vertu que le salut de Napoléon et le salut du peuple étaient indivisibles, et que l'Empire régénéré n'était plus que la Patrie elle-même. Gloire à Carnot ! Une haute vertu est toujours une haute intelligence.

Tout ce qui fut capable d'action se leva et marcha. Les indignations généreuses courent aux armes. En un clin-d'œil une forte armée est debout, comme si le Dieu de la guerre eût frappé du pied. On improvise des merveilles comme aux jours brûlans de 93. Le génie de Carnot est là avec le génie de Napoléon, et celui de la France avec eux. Les clubs s'organisent pour organiser les forces populaires ; les fédérations jaillissent comme l'éclair avant la foudre ; tout se meut ; l'héroïque incendie se propage de cités en cités ; ce n'est bientôt plus qu'un embrâsement unique d'âmes sublimes. Chaque heure produit sa moisson de fer. Les armes surgissent par milliers comme d'elles-mêmes, car le peuple y met la main. On ne va point en demander à l'Angleterre, pour la gagner par le gain : c'est qu'on ne veut pas de mauvais fusils de parade ; c'est que dans les crises patriotiques, nul ne pense à de honteux profits. Le mouvement glorieux entraîne même les cœurs les plus vils ; en révolution il n'y en a plus. La France entière est un atelier d'héroïsme, un arsenal universel, un camp. O que ce fut un spectacle admirable que cette illustre épidémie de défense nationale! Cela et Napoléon eût suffi pour broyer la coalition, si la trahison n'eût pas creusé sa route sous ce puissant enthousiasme. Il était dit que la trahison devait entrer comme élément principal dans l'histoire de Napoléon. Le colosse ne pouvait s'écrouler que par la mine.

Avant de se rendre aux batailles, Napoléon soumit à la sanction populaire, comme garantie du présent et gage de l'avenir, son fameux *Acte additionnel.* Chose étrange! inconséquence de l'homme! Cet acte constitutionnel, œuvre de bonne foi et de conscience, qui donnait à la Nation une somme de liberté plus grande que la constitution même corrigée en 1830, la Charte d'aujourd'hui, fut accueilli comme un triste mécompte; les masses ne jugent que d'impression. Le mot *additionnel* effaroucha; on crut y découvrir une arrière-pensée. Ce fut une guerre d'opposition qu'on fit à un mot; on oublia le fond pour la forme : les différens partis, chacun pour soi, se ruèrent, les uns imprudemment, les autres méchamment sur l'acte calomnié. On tira sur lui à boulet rouge; et cependant il assurait au peuple la plupart des droits qu'on lui chicane encore. Mais il conservait la pairie, regardée comme une violation de l'égalité, comme une institution d'hostilité permanente contre l'esprit national. Craignait-on que Napoléon ne ressuscitât le fantôme brillant du despotisme?... Il en rendait le retour impossible, même après la victoire, par les limites qu'il traçait à sa puissance. Son *Acte additionnel*, à part sa malencontreuse pairie, renfermait toutes les institutionns républicaines. S'il eût vraiment voulu reconstituer l'Empire d'auparavant, puissant comme il l'était au retour de l'île d'Elbe, et par l'enthousiasme des populations, par le dévouement de l'armée, et par le fanatisme des classes inférieures, n'aurait-il pas exploité ce fanatisme, ce dévouement et cet enthousiasme au profit de son ambition? Mais non; il jette à pleines mains, du haut de son triomphe, ces libertés civiles qu'il vient protéger de son immortelle épée. Il commençait une ère nouvelle. Il était, nous le répétons, l'Empereur de la révolution.

La solennité du Champ-de-Mai fut comme la consécration de l'Empire constitutionnel. La Nation ne manqua pas au rendez-vous que lui avait donné l'Empereur par un décret de Lyon. C'était la première fois, depuis dix siècles, que le peuple Français se trouvait face-à-face avec le monarque. Il y eut confiance et grandeur des deux côtés. L'autel de la Patrie s'élevait entre deux colosses, Napoléon et le Peuple. La souveraineté nationale servit de trépied. En avant, les Députés de l'armée représentaient notre gloire, les Électeurs la volonté du pays et la Garde-Nationale son indépendance. Napoléon du haut de son trône populaire dominait cette scène imposante, comme le génie de la victoire française. L'acceptation de l'acte additionnel fut proclamée ; le pacte de la *nouvelle alliance* fut mis sous la sauve-garde de l'honneur. La Nation et le chef de son choix se prêtèrent mutuellement serment, au bruit du canon, des acclamations de l'enthousiasme, et des bénédictions de la multitude, qui retentissaient comme la grande voix de la Patrie.

Napoléon ouvrit la session législative en personne. Il y fut grand comme partout ; c'était la dernière fois qu'il parlait à la Nation. Son front était empreint de majesté ; il semblait pressentir que sa gloire touchait à son terme. Sa parole grave et triste révélait l'état de son âme. Prévoyait-il sa chûte ? Ou reconnaissait-il ses ennemis prêts à le trahir ? Son discours fut un chef-d'œuvre. Au-dessus des rois par l'épée, il l'était aussi par la parole. Avant son départ pour l'armée, une discussion inconcevable s'établit à la tribune des représentans, sur la signification des mots héros et grand-homme, qu'on voulait bien accorder au vainqueur de l'Europe, comme s'il n'était pas l'un et l'autre. Des disputes de dictionnaire à la veille de la grande lutte !... Vils harangueurs ? *Servum Pecus!*... Des questions de mots à cinquante lieues de l'ennemi !..... L'Empereur avait bien raison de quitter Paris avec des pressenti-mens funestes, car c'était à Paris qu'il laissait la plus grande force des alliés et de la prochaine restauration. Cette préoccupation le suivit sous les drapeaux. Même sur le champ de bataille, il tournait sa tête pensive du côté de Paris.

Enfin l'armée, la brave armée de France, notre admirable armée se réveilla sur toute la ligne, en revoyant son grand général ; il y avait communauté d'héroïsme. L'âme de Napoléon passa dans tous les rangs. Le feu électrique se répandit avec la rapidité du temps. La victoire semblait répondre à l'appel. La gloire, la liberté et la patrie, ces nobles réfugiées, venaient se placer dans l'état-major de l'Empereur, te-nant chacun un drapeau crêpé à la main. La Vieille-Garde leur porta les armes avec un profond attendris-sement, car elle allait mourir pour elles. Hélas ! cette

Vieille-Garde était leur dernière réserve d'honneur. Les sublimes grognards se sentaient des milliers de victoires dans le ventre. Chaque soldat valait des bataillons. Mais les chefs étaient cassés ; ils avaient passé par les richesses et par les antichambres de Cour. On y laisse toujours la meilleure part de soi. Ces parvenus du sabre ne pouvaient plus s'enivrer à l'odeur de la poudre ; ils n'aspiraient plus qu'au repos. Leur fortune leur dérobait la Patrie ; le corps avait usé l'âme.

L'action commença par des prodiges et finit par un désastre. Wellington profita des derniers coups de la fortune contre l'homme du siècle pour se grandir de ce qui lui manquait de génie. Ce fut une amère dérision du hasard. Napoléon, tourné par la victoire, mit l'épée à la main pour en finir, mais la mort ne voulut pas de lui : elle l'attendait à Sainte-Hélène, pour clôturer en grand les étonnemens de son existence. On le vit défier les boulets qui se détournaient en arrivant. Une grosse larme tomba de ses yeux d'Empereur : elle était pour la France. Car Waterloo ouvrait les flancs à la révolution, pour lui arracher le cœur, et le donner à dévorer aux léopards de l'Angleterre, presque mourans après la lutte. L'armée française, à Waterloo, tua aux ennemis son nombre

d'hommes. La perte fut plus grande chez les vainqueurs, et les conséquences plus fatales pour les
vaincus. Waterloo s'acheva à Paris.

La chambre représentative n'avait pas secondé
l'élan populaire avant les hostilités ; elle avait fait
faute au pays ; elle va faire faute à l'honneur après
la défaite : cette défaite, la défection la changera en
désastre, et le désastre ramènera les Bourbons. La
postérité condamnera à son tribunal de justice éternelle,
cette Chambre coupable d'un crime de lèse-Patrie ; elle
sera traînée sur la claie de l'avenir. Loin de prêter main-
forte à la défense publique, l'infâme s'insurge, le lendemain d'une calamité nationale, contre qui ?... contre
le pays lui-même. Qui fut le chef de cette insurrection
usurpatrice ?.... Qui ?.... le testament de Sainte-
Hélène a livré son nom à la réprobation de la France
future. La voix mourante du captif des rois et de l'O-
céan retentira dans les siècles. Tout s'expie dans
l'histoire. Il est une conscience de l'univers ; il est un
dieu des peuples. Au premier bruit du malheur de
notre drapeau, qu'aurait dû faire une Chambre de
cœur? former le carré, en avant de l'ennemi, la Patrie au centre avec l'aigle sur sa noble tête tachée de
sang, et le peuple aux angles du carré avec sa foudre,

et puis marcher au pas de charge. Mais hélas ! Il est de la nature des corps délibérans de donner tête basse dans des luttes de paroles, et de se noyer dans la dispute, leur élément. L'héroïsme est dans la langue et non dans l'âme. Les assemblées dominées par des hommes à phrases, aristocrates de la chicane, dégénèrent presque toujours en champ clos de discussions vaniteuses. Le Sénat se fait barreau. Les petits despotes de tribune toujours réactionnaires n'ont rien de l'homme d'état : ils se voient trop dans les plus hautes questions pour voir les événemens et les choses. Ils ne sortent pas d'eux. Dans un espace de quarante-cinq ans, les deux tiers de la vie humaine, la Nation en a fait bien souvent la cruelle expérience. La Convention seule, aussi bien que l'Empire, est entrée héroïquement dans la solution du salut public. En temps de crise c'est l'action qui sauve, c'est la parole qui perd.

Tout pouvait se réparer avec de l'énergie. Une bataille perdue n'est qu'un prélude qui ne décide pas, quand une Nation se fait soldat à outrance. Une forte armée, ralliée de partout sous les murs de la capitale, le bras du peuple et l'âme de Napoléon, le dévouement des fédérations qui attendaient le signal, un vouloir unanime, et la France pouvait encore reprendre une sanglante revanche sur la victoire anglo-prussienne qui s'avançait en boitant. Un faisceau de courage et de grands caractères, qui l'eût brisé? L'héroïque 93, manquant de tout, avoit bien tenu tête à l'Europe. Des hommes, de l'audace et des poitrines ardentes; avec cela on ne tombe pas. Les hommes ne manquaient pas dans le peuple et dans l'armée; il y en avait encore assez pour dévorer l'Europe. Mais les chefs, mais les chefs! Des maréchaux de France, sans peur sous le feu, si poltrons en face de l'avenir, jetaient déjà leur bâton derrière eux, et se hâtaient, en désespoir de cause, de marchander par procuration secrète, le pardon de leur patriotisme compromis, aux gémonies de Gand. Les soldats tenaient bon, les généraux décampaient, pour ne perdre que leur honneur. L'édifice croulait par les combles. On vit la Chambre lâchant le pied devant la prospérité du vainqueur se redresser devant l'adversité du vaincu. Elle s'armait du parjure et de la rébellion pour porter les derniers coups à l'opprimé de la fortune. C'était frapper sur la tête déjà fendue de la patrie, pour la jeter toute meurtrie aux vengeances de la Restauration; car les émigrés de Gand se vantaient déjà de leur victoire de Waterloo. Dissoudre la Chambre rebelle, ou abdiquer, telle était l'alternative de l'Empereur. Il ne pouvait

en sortir et relever le pays que par la dictature.
Carnot l'implorait à grands cris, au nom du salut
national. Le bienfait d'un tel coup d'état était devenu une nécessité le *sine quâ non* de la révolution. Il
fallait en finir avec les déchiremens. La Chambre n'é-
tait bonne à rien qu'à désorganiser; c'était du bas-
empire tout pur. Plus moyen de s'entendre en fait de
résistance à l'ennemi. La dictature, la dictature! La
vertu de Carnot disait vrai. La dictature! Il dut y
avoir dans le cœur de Napoléon de grandes amertumes,
un dégoût bien profond, ou de graves raisons d'é-
tat, pour qu'il s'abdiquât ainsi lui-même avec la Nation, quand la Nation ne l'abdiquait pas. Fatalité
inconcevable! Il avait succombé en 1814, à Fontainebleau, pour avoir été dix ans dictateur; il succombe
à l'Élysée-Bourbon en 1815, pour n'avoir pas voulu
l'être. Ce fut sans doute une abnégation sublime qui
determina sa funeste démission. Le même horrible
fantôme de Fontainebleau l'avait visité dans l'Élysée,
l'épouvantail de la guerre civile. Il ne voulait point
du sang de la France pour lui mais pour elle. Il abdiqua par dévouement, il fût héroïque jusqu'au bout.
Un si beau sacrifice dénoua dignement les actes de sa
belle vie. Il ne pouvait finir qu'en grand. Cette im-
molation de soi-même le dévouait à la vengeance des

rois. Il ne devait plus s'attendre, pour son compte, qu'à de grandes infortunes. Un gouffre était devant lui, il s'y précipita seul, en criant : vive la France!

Son abdication, dont le peuple, furieux d'amour, ne voulait pas, que les larmes prophétiques de Carnot ne purent détourner, termina le drame épique des Cent-jours. Le reste ne fut plus que la queue de la tragédie impériale. Cependant la chambre des représentans, sans but, sans point d'appui, sans puissance morale, honnie des patriotes et de l'armée, ne sachant où se prendre pour être quelque chose, posant la sonde partout sans trouver de fond, car l'abîme s'élargissait toujours, sans boussole, car elle avait déchiré la Constitution, n'ayant pas même la vertu de la force pour lest du vaisseau, allait à l'aventure, de fluctation en fluctuation, pour échouer misérablement aux pieds d'un Wellington. On envoyait à tout hasard de tous les côtés des commissions suppliantes, des ambassades de charité, pour obtenir on ne savait quoi. Un régicide conventionnel qui sera ministre de la seconde Restauration, par des intrigues multipliées assassinait notre indépendance avec préméditation. Tantôt chef du parti Orléaniste, il insinuait aux républicains, pour les diviser qu'il fallait passer par l'hôtel d'Orléans pour aller à la république : il proposait pour royaux constitutionnels, sans doute à l'insçu du prince, le duc d'Orléans, que Wellington, au nom de l'Angleterre, rejetait comme un usurpateur de bonne famille ; tantôt il traitait avec la cour de Gand, pour se ménager un lendemain au détriment de la Nation ; tantôt il négociait avec l'Autriche pour ne pas laisser voler la couronne au fils de Napoléon, que la France revendiquait à grands cris. Là était la question nationale, le principe de la révolution française, la garantie de l'avenir, la continuation de la souveraineté populaire, le droit enfin. Le droit l'emporta. La faction anglo-constitutionnelle d'Orléans eut beau vouloir faire déclarer la vacance du trône ; le droit est si fort par lui-même, que la Chambre, quoique en état de rébellion, après un combat d'arguties inépuisables, se rangea du parti de la justice, reconnut l'indivisibilité de l'abdication, et proclama à l'unanimité, au milieu d'un enthousiasme électrique, la légitimité nationale et héréditaire par la volonté du peuple, du fils de l'Empire, de Napoléon II, aux cris mille fois répétés de vive l'Empereur !.... Vive Napoléon II! Cependant l'Empereur, voyant au fond des choses, disait : « L'heure de mon fils n'est pas venue. Les » étrangers imposeront les Bourbons une seconde fois,

» et plus tard la France....!....» Les acclamations du
peuple et de l'armée saluèrent au loin l'avénement du
jeune Empereur captif. Le droit fût consacré légalement, constitutionnellement par le fait, le tout basé
sur la souveraineté de la Nation. L'action du gouvernement nouveau ne fut interrompue que par l'invasion
étrangère, par la violence du dehors, par la Restauration à la façon de l'Angleterre.

La légitimité de Napoléon II succéda à la légitimité
de Napoléon Ier, sanctionnée deux fois en 1804 et 1815
par la légitimité du peuple.

En partant pour sa captivité à mort de Saint-Hélène,
l'Empereur avait dit : « Je recommande mon fils à la
» France : ce n'est qu'avec ma dynastie qu'elle peut
» espérer d'être libre, heureuse, et indépendante.
» — Mon fils, tout pour la France !... »

Ces simples et touchans adieux fesaient bien le con-
trepoids de la reconnaissance de Louis XVIII, qui se
proclamait redevable de la couronne à l'Angleterre.

Dans ce chapitre, j'ai fait de l'histoire, parce que
les faits sont des argumens inattaquables. Il reste

prouvé que Napoléon résumait en lui les intérêts nationaux et l'indépendance de la France, qu'il a été souverain légitime par le fait de la Nation, et que son fils, Napoléon II, par le même fait, représentait les mêmes intérêts, et succédait de droit à l'empire, selon le vœu national.

Est-ce pour échapper aux conséquences de ce droit que le gouvernement de Louis-Philippe oppose son *veto* d'injustice à la reconnaissance par les Chambres des droits antérieurs des Braves qui ont bien mérité de la patrie en combattant pour son indépendance ? Est-ce que Wellington aurait encore [voix dans le conseil ? Un maréchal de l'Empire, ministre de la Restauration et major-général à Waterloo, ose refuser à ses compagnons d'armes, à ses complices de gloire, le prix du sang et de l'honneur ! Oh! les hommes!... les hommes!...

La légitimité de Napoléon portait avec elle les avantages de l'hérédité et le principe de la révolution. Elle avait de plus, pour garde d'honneur, cent victoires éclatantes, pour sceptre la colonne d'Austerlitz, pour palais la reconnaissance de la Nation, et, pour lancer sa foudre, les aigles d'Iéna et de Wagram.

# Deuxième Restauration.

—————

Nous quittons le terrain national. Nous rentrons dans le domaine de l'étranger. L'aristocratie de la vieille famille européenne a gagné la bataille de Waterloo. Il faut le dire, et qui le niera ? les souverains de l'Europe n'ont été que les exécuteurs des hautes-œuvres de l'aristocratie. Le principe démocratique de 89 avait ébranlé le vieux édifice ; il en a ruiné les fondemens gothiques ; c'est la démocratie qu'on veut étouffer depuis long-temps avec de la chair à canon. Insensés ! ne voient-ils pas qu'ils la fécondent, comme ces arbres dont on réduit le feuillage pour lui faire pousser plus de racines. C'est la démocratie que Wellington a cru blesser à mort en 1815, et qui s'est relevée souveraine en 1830. L'avenir de l'Europe est démocrate.

La révolution du 20 mars était un mouvement populaire, la restauration une affaire de diplomatie ; les
Bourbons un traité, Napoléon une nationalité ; la monarchie impériale un pas en avant, la monarchie royale,
un recul. La chûte de Napoléon est toujours venue
du dehors ; celle des Bourbons toujours du dedans,
celle-ci par le peuple, celle-là par les rois. L'Empire
fut deux fois l'œuvre de la Nation ; la Royauté deux
fois l'œuvre de l'étranger. Aussi quand Napoléon s'em-
barque à La Rochelle pour sa captivité meurtrière,
cet horrible guet-à-pens de l'Angleterre, la Nation en
pleurs, échevelée, les bras tendus, lui crie : Restez !...
Et quand la légitimité s'embarquera à Cherbourg pour
un exil sans persécution, la France n'aura point d'a-
dieux d'amour. Elle gardera un profond silence pour
ne pas insulter au malheur, malgré son crime de quinze
ans, car la restauration fut un long crime de lèse-patrie.

La Chambre des Représentans de 1815, tombée de
dispute en dispute sous le sabre des alliés, avant de
succomber à son propre suicide, se souvient de son
origine populaire, et ramasse toutes les forces de son
âme pour achever sa constitution, comme si l'on re-
poussait l'ennemi avec un bouclier de papier, comme si

l'épée de Napoléon n'eût pas mieux valu. Quoi qu'il en soit, elle redevient française à ses derniers momens. Une énergique déclaration des droits est comme son testament politique. Elle dénonce comme illégitime tout gouvernement qui n'adoptera pas les couleurs nationales, et qui ne garantira pas les récompenses dues aux officiers et aux soldats de la patrie. Elle proteste, à la face du monde entier, contre la violence et l'usurpation, et elle en appelle à l'énergie des générations futures, aux cris de *Vive la Liberté!* Quinze ans après, l'énergie de la France fera droit à cette protestation sublime, en reprenant ses couleurs sous les débris du trône usurpateur, au même cri de liberté. Les Représentans, sommés de se séparer, répondent comme Mirabeau, qu'ils ne céderont qu'à la puissance des baïonnettes. Le président, accusé par l'histoire, déserte son poste, et lève la séance. Le lendemain, les avenues de la Chambre sont occupées par des Prussiens, baïonnette au fusil. Un piquet de la garde nationale est là pour prêter main-forte à l'acte de violence et pour protéger l'ordre public de la conquête. La représentation nationale est chassée aux cris de *Vive le Roi!* En voilà pour quinze ans.

La première Restauration, toute étonnée d'elle-

même, se trouvant en pays inconnu n'avait point
encore osé exhiber sa griffe royale. Elle avait fait patte
de velours à la France avec un certain orgueil inquiet.
Sa haine s'était cachée sous la joie du retour. Il fallait explorer le pays, prendre connaissance des loca-
lités, avant de combiner son plan d'attaque. Maintenant que faire du masque ? Le jour de la vengeance
était venue ; c'était le rôle de la seconde Restauration.
Son entrée en scène n'a rien d'équivoque : l'exposition
de la nouvelle comédie tragique de quinze ans est
claire, précise et sans perte de temps. En avant les
victimes. La restauration fait une faulx de son sceptre,
pour abattre têtes et libertés. En passant par le champ
de bataille de Waterloo elle a pris goût au sang. Il lui
en faudra. La Royauté aura sa terreur, comme la Convention avec cette différence, que la terreur de 93 était
pour la défense du pays, celle de 1815 pour son asservissement. La Restauration monte à son capitole,
le front ceint de lauriers anglais enlacés aux cyprès
de la France. Elle y cloue son trône avec les deux épées
toutes rouges de Blucher et de Wellington ; et pour
qu'il ne branle pas on le cale avec les ossemens de la
Vieille-Garde. Jour de calamité ! Ovation parricide !
que d'outrages royalistes à notre honneur national !
que de blessures à notre indépendance ! Comme on

foule aux pieds des chevaux du nord le cadavre de notre gloire ! Que d'ignobles soufflets donnés à tour de rôle et sans danger par les puissances triomphantes à notre révolution emmaillotée de drapeaux tricolores, traînée ignominieusement sur nos places publiques, avec son aigle déchiré en lambeaux ! De hautes et puissantes dames tenant par la main une soldatesque brutale ( notre armée était derrière la Loire) dansent autour de la sainte victime, comme des bacchantes, les farandoles de la légitimité ; et scellent par d'impudiques embrassemens la victoire de la coalition. Les ponts d'Iéna et d'Austerlitz sont déshérités de leur beau nom, par une ordonnance contre-signée Talley-rand, de peur qu'ils ne rappellent nos jours de puissance. L'arc de triomphe du Carrousel est dépouillé de ses ornemens militaires, de son manteau de glorieux souvenirs. Les canons de Blucher du pont Royal tournent leur bouche sur les Tuileries, comme pour dire aux Bourbons : c'est pour vous que nous sommes ici ! c'est pour nous que vous êtes là ! Des bivouacs de cosaques dans la cour du château gardent la royauté conspiratrice, en criant : hurra ! hurra ! contre la France. Le musée Napoléon, le sanctuaire des arts, ce panthéon des muses, est livré au pillage de l'Angleterre. Enfin pour rassurer la coalition et compléter l'abaissement de la Nation française, l'armée de la Loire, dont l'existence héroïque importunait les rois, ces vieux bataillons tout criblés de victoires européennes, qui pouvaient encore par leur immobilité même imposer une paix sans déshonneur, ces débris de l'immense colosse, ces cent mille bras de la Patrie déposent les armes comme un seul citoyen, sur l'ordre du roi, et abdiquent leur puissance comme l'avait fait Napoléon, par une abnégation sublime. Le sacrifice est consommé, la France est à la merci du vainqueur. Vive le roi!

C'est alors que les vengeances commencent. Un maréchal de France tombe sous le fer royaliste. Les braves de Waterloo sont assassinés sur le seuil de leurs foyers paternels. Le Midi fanatique égorge les patriotes, et pour que le meurtre ne reste pas dans les basses régions, on le fait entrer dans les conseils de guerre et dans la Chambre des Pairs. La légitimité y vient demander l'hospitalité pour un crime, et par la bouche d'un duc de Richelieu, elle ordonne, au nom de l'Europe, d'assassiner un héros de la Grande Armée, le maréchal Ney. Cent trente-six pairs obéissent; et douze chouans, déshonorant l'uniforme des invalides le fusillent, par dévouement, vis-à-vis la Chambre des Pairs,

pour qu'il y eut solidarité. Des arrêts de mort réta-
blissent partout les droits de la dynastie royale. Des
tables de proscriptions sont couvertes des plus beaux
noms de nos fastes militaires, afin de bien prouver que
c'est à notre gloire qu'on en veut. On ne peut pas
frapper la Nation en masse, on la décime dans ses
hommes d'élite. Plus on a fait pour la Patrie, plus on
est criminel; car c'est la coalition qui dicte la liste
des probités coupables. Quand la liste est close, le
généralissime d'Angleterre veut bien accepter de la
reconnaissance du roi le bâton de maréchal de France
arraché de la main mourante du prince de la Moskowa,
car Wellington ne lui aurait pas pris vivant. Ainsi la
royauté des Bourbons commence dans le sang, marchera dans le sang, et finira dans le sang. Elle aura
ses cours prévotales pour tuer plus vite; ses agens
provocateurs pour attirer sous le glaive les plus généreux courages; sa guillotine monarchique à Grenoble
et dans la banlieue de Lyon pour faire au patriotisme
de ces contrées des saignées salutaires, et retrancher
les parties vives de la Nation; ses télégraphes pour
presser la besogne et ne pas perdre un instant. La justice de la légitimité se promènera de province en province, le fer à la main, de Toulon à Tours, de Sau-
mur à Colmar, la couronne royale sur les yeux en

guise de bandeau ; et puis quand elle aura fait sa moisson voulue, elle viendra, à Paris, sur la place de
Grève faucher quatre nobles têtes de jeunes patriotes,
pour le morceau de roi ; le tout pour prouver sa des-
cendance en droite ligne, des grands justiciers Louis XI,
François Ier, Charles IX et Louis XIV, qui ne se faisaient pas faute, comme on sait, de trancher dans le
vif, et de taillader en temps et lieu cette Nation in-
disciplinable. Mais le meurtre naît du meurtre ; le
sang produit le sang. Louis XVI a payé la dette du
passé, le duc de Berry la dette du présent. Les charges de cavalerie sur la place Louis XV en 1820, et les
fusillades de la rue Saint-Denis en 1827 ont amené les
barricades de 1830 : c'est ainsi que la seconde Restauration a rempli sa mission de vengeance, au profit
de l'Europe et non au sien. Voilà pour l'action, voici
pour la politique. Même système, même haine ; même
guerre à la révolution.

Sainte-Alliance. — Le second traité de Paris,
dans sa progression d'ignominie, acheva de livrer
la France à la discrétion du vainqueur. La coalition
n'avait rétabli les Bourbons sur leur trône que pour
être mieux servie dans ses ressentimens : elle con-

tinuait avec eux son plan d'hostilités. Cependant Napoléon n'était plus là pour servir de motif à leur colère d'ambition. Il n'était plus à craindre sur le rocher funèbre de Sainte-Hélène, à moins que le monde ne tremblât encore parce qu'il était vivant : pourquoi même cette peur? Les Empereurs et les Rois ne savaient-ils pas qu'il devait y avoir un cancer dans le sein de leur prisonnier? Sa mort n'était-elle pas placée sous la protection de l'Angleterre? Ainsi donc, puisqu'il était convenu que le grand ennemi des puissances n'avait pas long-temps à souffrir sous le ciel des tropiques, pourquoi faire passer l'invasion du champ de bataille dans la diplomatie! Ce n'était donc pas à Napoléon seul qu'on avait fait la guerre? Il représentait donc d'autres intérêts que les siens? Ces intérêts existaient donc après lui? Ils étaient donc sacrifiés par les Bourbons? Quels étaient ces intérêts? Ceux de la Révolution française; les principes populaires de la régénération moderne, qu'on refoulait dans leur sanctuaire pour les y étouffer. Comment y parvenir, si ce n'est en affaiblissant la France, en la dépouillant de sa vitalité, en la rendant tributaire de l'Europe? Elle avait donné le signal des résurrections sociales; elle avait semé à la suite de ses victoires, dans les sillons de son char de guerre, des germes régénérateurs de liberté. Son ascendant suprême s'étendait au loin : les Empires s'étaient agenouillés devant elle; le jour des expiations était venu. Le congrès de Vienne se déclare en état de souveraineté universelle. Il traduit à sa barre tout ce qui avait gravité dans l'orbite de la France. Ses plus fidèles alliés, ses camarades de camp sont vendus arbitrairement à l'encan des dictateurs du pouvoir absolu. L'ancien équilibre est rompu. On reconstitue les états nouveaux à tort et à travers sous le bon plaisir de ces grands voleurs de peuples. On se jette mutuellement des hommes de la main à la main. C'est la révolution des monarques qui change la face du Continent. Chacun emporte un vaste lambeau du cadavre de l'Empire gigantesque : c'est à qui aura sa part de la curée. A la Saxe on extorque un million de têtes humaines, douze millions à la Pologne, six millions à la Belgique, à l'Italie douze millions. On se venge de la France sur ses vieux amis. La Russie passe la Vistule et met le pied dans l'Occident, la Prusse passe le Rhin, l'Autriche descend dans la Lombardie, tous pour se ruer sur la France de plus près. L'Angleterre crée le royaume des Pays-Bas comme un camp d'observation aux portes de sa rivale. De tous les côtés on la cerne, on l'enferme, on l'entame, on la dépouille, on la dégarnit. L'Allemagne

pèse de tout son poids sur ses extrémités les plus fai-
bles, sa capitale n'est plus qu'à trois journées de l'ennemi : c'en est fait de la grande Nation, c'en est fait
de l'Europe. Deux colosses la pressent aux deux bouts,
la Russie et l'Angleterre, la France à genoux entre
les deux. Le traité de Paris complète l'œuvre du congrès de Vienne. Le peuple français est mis sous la sur-
veillance de la haute police des rois. Cent cinquante
mille baïonnettes étrangères le tiennent aux arrêts
forcés pendant trois ans, pour faciliter le règne des
Bourbons. Ils ont donné pour pot-de-vin à la Sainte-
Alliance quelques vingt lieues carrées du royaume,
bon nombre de villes, un modeste milliard, et le droit
de contrôle dans nos affaires. Et cependant le roi de
France n'est point admis dans ce fameux triumvirat de
la Sainte-Alliance, cette fédération de ligueurs couronnés qui tiennent l'Europe sous la loi de leur despotisme
trinitaire. Et pourquoi cette alliance mystique de la
force brutale ? N'est-ce pas une assurance mutuelle des
rois contre les peuples ? Le triumvirat très-chrétien
exerce une souveraineté universelle sur le Continent.
Les nations sont condamnées à l'immobilité ; malheur
à celles qui oseront faire un pas dans la civilisation !
La raison humaine est mise à l'index du despotisme.
On lui a dit : tu n'iras pas plus loin.

A chaque émancipation sociale, à chaque alliance libérale des peuples avec leurs monarques, un congrès prévotal, une haute cour martiale du triumvirat surgit, et dresse sa tente à côté du mouvement populaire. Les rois qui ont pactisé avec les sujets y sont condamnés au parjure; la liberté, à l'unanimité des voix, est condamnée à être fusillée, pour avoir jeté en passant des constitutions despoticides à l'Espagne, au Portugal, au royaume de Naples, au Piémont. Les arrêts de mort sont datés de Troppau, de Laybach et de Vérone. Défense à la civilisation de se montrer. Les révolutions de la péninsule italienne n'ont fait que passer comme ses volcans; et les soldats de l'Autriche n'ont pas même rencontré ses laves. Le midi de l'Europe qui s'était échappé du pouvoir absolu, y est ramené la chaîne au cou. Reste enfin l'Espagne, dernier refuge de la liberté, l'Espagne, dont la lutte héroïque avait fatigué le génie de Napoléon, l'Espagne qui avait reconquis la royauté de son roi, l'Espagne qui méritait d'être libre; elle rentrera dans son abrutissement. La Sainte-Alliance a dit aux Bourbons de France : A votre tour !... Nous avons vaincu la révolution à Paris, courez la vaincre à Madrid : faites pour Ferdinand ce que la coalition du Nord a fait pour vous. Tuez la liberté; marchez ! Les Bourbons marchent. Une armée française est lancée au secours du despotisme monacal. Les canons de Marengo tirent sur la constitution des Cortez. Infamie! Infamie! La révolution est enchaînée enfin : on l'étrangle avec l'immortel Riégo. Les dictateurs absolus s'en lavent les mains dans le sang. Leur règne est assuré. C'est ainsi que la Sainte-Alliance, continuant sa guerre d'extermination contre les idées libérales après la chûte de Napoléon, prouve qu'il en était le représentant-né, et que les Bourbons ne nous avaient été imposés que pour opérer la contre-révolution. On coupe de tous côtés les têtes de l'hydre libérale pour réunir plus tard tous les coups sur la France. La révolution, cette Niobée sublime, voit toutes ses filles égorgées autour d'elle : on frappe les filles pour arriver à la mère. Ce sont les Bourbons qui donneront le coup de grâce.

Le secret est connu. Le droit d'intervention est le levier des rois pour remettre le pouvoir absolu sur ses antiques bases. C'est la hache de la trinité dictatoriale qui doit abattre les garanties des Nations. Tout gouvernement constitutionnel est mis en état de prévention permanente, jusqu'à ce qu'on ait démoli insensiblement les libertés encore debout. L'ancien régime, le dogme du droit divin, l'asservissement général, voilà la pensée de la Sainte-Alliance ; telle est la mission de la légitimité en France. La restauration marchera à ses fins tantôt par voies détournées, tantôt par la grande route de l'arbitraire. La Charte, malgré son essence aristocratique, malgré ses deux Chambres représentant, l'une le privilége de la naissance, l'autre de la fortune, n'en sera pas moins considérée comme une émanation révolutionnaire ; et quoique l'œuvre de la Restauration, elle n'en recevra pas moins les atteintes de la restauration elle-même. On ne l'a regardée que comme l'ancre du salut, jetée pour un jour dans le port, après la tempête, pour être levée pendant le calme, afin que le vaisseau de la monarchie légitime puisse voguer dans le passé, quand le bon vent sera venu. Décomposer pièce à pièce la révolution pour en recomposer l'ancien régime, reconstruire des débris de l'égalité les supériorités sociales, la hiérarchie des rangs, instituer des majorats pour aristocratiser la vanité des riches, traiter le peuple en vaincu, reprendre toutes les concessions de la nécessité, dissoudre les principes libéraux, tel est le système comploté d'avance et que l'on met progressivement en exécution. La Charte est battue en brêche de toutes parts, quoique le peuple ne soit pour rien dans les droits qu'elle consacre. Le vieux régime avec son pouvoir occulte se retranche dans le pavillon Marsan comme dans une citadelle à part, d'où elle fait feu sur nos libertés jusqu'à ce que la mitraille descende sur les têtes du peuple. Au cri de vive la charte ! Le vieux régime répond par le cri de vive le roi !.... Ainsi l'affaire n'est plus désormais qu'entre la charte et le roi.... C'est le seul combat possible du moment ; car la charte, quoiqu'on dise de part et d'autre, n'est que l'amortissement de la révolution. Elle aura son tour de bataille avec le peuple : il faut d'abord triompher avec elle pour triompher ensuite d'elle.

La victoire de la Charte entraînera celle du peuple. Or c'est la Charte que la cour veut enlever : elle est le dernier retranchement de la révolution. C'est ce qui explique sa popularité d'un côté, son impopularité de l'autre. Le premier boulet est lancé par la Chambre des Pairs contre la loi électorale ; on s'en émeut sur toute la ligne ; les irritations commencent. Tout-à-coup l'action change de face par l'assassinat d'un prince du sang. Le poignard de Louvel a travers le cœur du prince atteint la Charte elle-même. Le vieux régime plante sa bannière dans la blessure du duc de Berry, et le pied sur le cercueil royal, elle appelle les passions et les douleurs à son aide. La loi électorale est brûlée sur le catafalque du prince. En vain la jeunesse des écoles de Paris se lève, mais sans armes, pour défendre la constitution qu'on déchire. Les balles de la garde royale proclament la violation des lois ; l'ancien régime l'emporte. La guerre d'Espagne est résolue pour essayer l'armée contre la liberté, le Trocadéro est le second Waterloo de la restauration. Au milieu des fanfares de gloire, on emporte un autre pan de la Charte. La représentation nationale elle-même n'est plus respectée. On attente à son inviolabilité par l'expulsion d'un membre sans peur qui ose révéler l'antipathie de la France pour les Bourbons. Il a prononcé les paroles fatales du festin de Balthazar, paroles terribles qui portent en elles la révolution de juillet. Qu'importe ! L'esprit de vertige est entré dans les conseils du roi. L'émigration poursuit le cours de ses succès. Une loi d'indemnité prélève un milliard sur le peuple français pour appaiser la faim de la contre-révolution et pour payer ses conspirations à l'étranger. Enfin la liberté de la presse, quoique déjà courbée sous de lourdes chaînes, est mise à la réforme. On cadenasse sa bouche pour que la Nation ne sache plus ce qu'on fait d'elle. La contre-révolution est en pleine marche ; il ne lui manque plus que le coup d'état. Les voies sont préparées ; l'honneur en est réservé à Charles X, qui place son trône sur l'autel, et qui fait des

Tuileries la sacristie royale du jésuitisme. La dévotion avec lui devient le vice à la mode. Déjà le clergé, le plus grand ennemi de nos institutions libérales, éternel adversaire de tout perfectionnement intellectuel, aristocratie religieuse à part de tout, mais absorbant tout, le clergé qui, le premier, a proclamé en 1814 le principe du droit divin, qui s'est enrichi de dotations onéreuses à l'État, le clergé est sorti du sanctuaire pour pénétrer dans la législation et dans le pouvoir politique. Il a pris place à la Chambre des Pairs et dans le ministère. Il essaye sa force rétrograde dans la loi du sacrilége empruntée aux absurdités du moyen-âge : anachronisme révélateur d'odieux projets! La faction sacerdotale couvre la France de ses clubs dévots. Les congrégations, comme autant d'armées de réserve, multiplient leurs camps sacrés, et remontent par échelons jusque sur le trône ; le chef de l'état est le premier souscripteur de l'association fanatique ; le manteau royal s'est changé en soutane, et le sceptre en croix ; on a mis la France dans Paris, Paris dans la cour, et la cour dans la chapelle du roi ; on y met à sec le tronc de la liberté où restaient quelques aumônes de la monarchie. Éducation publique, magistrature, états-majors de l'armée, administrations civiles, tout tombe sous le bras qui s'étend Rome sur l'univers. L'Église est partout, excepté dans les Églises. La domination du clergé presse la France entre ses bras pour l'étouffer. Deux despotismes, comme en Espagne, vont marcher de front pour écraser la Nation, le prêtre et le roi. L'heure a sonné, les fameuses ordonnances paraissent, c'est le jour du roi; cris de victoire aux Tuileries. Mais l'insurrection court aux armes : furieuse elle bondit, et renverse tout au pas de course, c'est le jour du peuple; cris de victoire à l'Hôtel-de-Ville. La liberté a reparu avec les trois couleurs, le peuple est roi. C'est ainsi qu'à travers un long cours d'attentats royalistes, à quinze ans de distance, la Nation a répondu à la protestation des représentans des Cent-jours, et a brisé dans trente-six heures la légitimité usurpatrice de deux rois.

Il résulte du tableau rapide que nous venons d'esquisser de mémoire des deux restaurations et du gouvernement des Cent-jours, que le gouvernement des Cent-jours eut seul la sanction populaire et par conséquent la véritable légitimité ; que la souveraineté nationale résidait incontestablement dans la personne de Napoléon, appelé et consacré au pouvoir par les suffrages de l'immense majorité des Français; que Napoléon, comme l'élu du peuple, par les droits qu'il tenait non du vœu mais de la volonté de la nation, était investi du droit de transmettre légalement et constitutionnellement son pouvoir populaire à son, héritier légitime ; que nonobstant sa légitimité hé-réditaire, Napoléon II a été reconnu et proclamé par les mandataires de la France comme représentant ; ainsi que Napoléon Ier, la souveraineté nationale reversible dans sa famille ; que la dynastie impériale, dans son origine populaire, garantissait l'indépendance, l'honneur et les intérêts du pays ; que les représentans de la nation ont protesté, au nom de la Nation même ; contre toute imposition d'un pouvoir de conquête ; qu'ils en ont appelé aux générations futures ; que l'action du gouvernement des Cent-jours n'a été interrompue que par la violence extérieure ; enfin, que la Nation a été odieusement dépouillée de sa volonté, de ses droits, de son indépendance, du souverain de son choix, de sa constitution et de son drapeau.

Il résulte encore que la restauration, œuvre de vengeance et d'asservissement, n'a été qu'une usurpation des puissances alliées au profit d'une famille proscrite par le peuple français en 93, en 1815 et en 1830, une réaction de l'aristocratie et du pouvoir royal sur la démocratie et la souveraineté nationale ; que le principe de la légitimité monarchique était une violation

flagrante des droits impérissables et de la légitimité du
peuple français qu'on a traité en peuple vaincu ; que
le drapeau blanc et les fleurs de lis ont illégalement
remplacé le drapeau tricolore et l'aigle nationale ; que
la Royauté représentait les vieux intérêts de la société,
et l'Empire les nouveaux ; et qu'enfin, tous les griefs
de la France contre le rétablissement des Bourbons peuvent se formuler par ces mots : La restauration fut le
règne de la contre-révolution. Il faut donc en conclure
que le renversement de cette restauration doit être le
retour, de toute nécessité, de toute logique, aux principes violés par elle, et à l'exercice des droits nationaux, c'est-à-dire le règne continué de la révolution
interrompue en 1615.

# Révolution de Juillet.

Il n'appartient qu'aux esprits bornés ou faux, qu'à la mauvaise foi politique de quelques ambitions satisfaites de prétendre que la chute de Charles X et de la dynastie royale n'est que l'effet immédiat de ses ordonnances et de son parjure ; de ne voir dans la victoire du peuple qu'un résultat instantané, imprévu et sans antécédens lointains ; de soutenir que la défaite de la monarchie légitime n'est qu'un châtiment d'actualité. Insensés ou perfides, qui n'ont aperçu ou n'ont voulu reconnaître dans l'événement glorieux de juillet que l'acte du moment, qui retranchent le passé du présent pour lui ôter l'avenir ; aveugles paralytiques qui nient la lumière et le mouvement ; inquisiteurs du *statu quo* qui veulent parquer tout un siècle qui marche dans les limites d'un sophisme, dans le cercle d'un mensonge.

La révolution de 1830 n'est-elle qu'un accident de colère nationale, ou l'effet inévitable d'une cause qui remonte plus haut ? Voilà la question rationnelle. Démontrer le point de départ, c'est indiquer le but. Nous savons, à nos dépens certes, que la restauration ne fut autre chose que la contre-révolution ; il ne nous sera pas difficile de comprendre que la révolution de juillet est une contre-restauration.

Or, décomposons le système de la restauration pour connaître réellement ce que la révolution des trois jours a renversé. Quel fut ce coupable système ? Nous venons de le voir dans les chapitres précédens : à l'extérieur, l'asservissement de la France, son abaissement politique, démembrement de son territoire, gouvernement imposé par ses ennemis, son importance de nation anéantie, dissolution de sa force militaire, son indépendance compromise par les honteux traités de 1814 et de 1815, ses finances épuisées par d'énormes impôts de guerre, ses frontières dégarnies, son commerce à l'étranger sans protection, son alliance avec les despotes pour détruire en tous lieux les principes de la liberté ; enfin la guerre de la légitimité monarchique en Espagne. Je ne parle pas des expéditions de la Grèce et d'Alger, honorables sans doute, mais concédées à l'o-

pinion publique, et d'ailleurs entreprises dans un but
de popularité liberticide. Passons à l'intérieur : souveraineté de la nation mise à néant, assassinats juridi-
ques, oppression des patriotes, exercice des droits
civils concentrés dans la haute propriété, hiérarchie
des rangs rétablie, franchises municipales méconnues,
violation de la liberté individuelle, des cultes et de la
presse, despotisme ministériel, domination croissante
du clergé, éducation publique envahie par les pères
de la foi, congrégations conspiratrices, monopole des
élections dans la minorité de la nation, abus d'autorité,
les droits des braves outrageusement foulés aux pieds,
les ennemis de la révolution récompensés, l'émigration
reconnue légitime par l'indemnité odieuse d'un milliard,
les impôts onéreux altérant la source des prospérités
publiques, une fiscalité dévorante au bénéfice des priviléges de la cour, la corruption introduite partout au
détriment du pays, un fantôme de représentation nationale, le peuple chassé de partout, et pour base à
tant de causes de ruine le principe d'usurpation royale
à la faveur de l'invasion, et une charte, sous la forme
d'une ordonnance, octroyée par la conquête, non consentie ni reconnue par la Nation mise hors de cause.
Voilà ce que fut la restauration dans ses relations exté-
rieures et dans ses actes du dedans. La permanence de

l'hostilité de la coalition européenne sur le trône de France ; en un mot, le vieux régime sous une forme illégalement constitutionnelle, la légitimité masquée d'une charte, la Sainte-Alliance bourbonisée.

Il est donc absurde et méchamment faux d'affirmer que la révolution de juillet ne date que du 26 de ce mois libérateur. Il est constant au contraire que le règne des Bourbons n'a été en apparence qu'un armistice entre leur usurpation et la France, mais au fond une lutte sourde, continue, progressive, se révélant de temps en temps par des éruptions partielles, jusqu'au grand jour de l'explosion nationale. Le duel de la monarchie et du peuple a croisé le fer pendant seize ans, la botte suprême, après une longue escrime, a été portée en 1830, et la Monarchie a reçu le fleuret au cœur ; les doctrinaires ont étanché la blessure profonde et ont cherché à ranimer la victime défaillante, en l'emportant dans leurs bras, en lui prodiguant les secours de leur science prise au dépourvu : vains soins ! le coup est bien mortel. Qu'on ne dise plus que le parjure de Charles X l'a chassé de France. Ce n'est pas le viol de Lucrèce qui amena la chute des Tarquins ; il ne fit que la déterminer, Brutus ne fut que le vengeur de la patrie et non d'une femme. Le règne seul de Tarquin - le - Superbe fut son véritable crime. Le crime de Charles X, c'est la restauration ; mais ce crime n'était pas à lui seul, il était à la dynastie entière, à toute la famille de nos Tarquins.

Il faut bien distinguer la nature des deux oppositions qui ont fait la guerre de quinze ans, l'une à la cour, l'autre au gouvernement. Opposition des salons et de l'aristocratie de finance, aux salons et à l'aristocratie de naissance ; opposition du peuple à la légitimité royale. L'une constitutionnelle, procédant par la ligne courbe, se mêlant au pouvoir, s'en éloignant, y revenant, selon sa vanité plus ou moins caressée par la royauté ; l'autre nationale, marchant parallèlement à cette royauté, son éternelle ennemie, dans sa ligne irréconciliable, allait toujours de l'avant sans se détourner : la première visant au ministère, la seconde à la liberté. L'opposition nationale avançait d'un pas à chaque victoire de détail de l'opposition constitutionnelle. Mais celle-ci, au jour de la grande victoire décisive remportée par l'opposition nationale, en habile auxiliaire, s'est incorporée vers la fin du combat dans le triomphe et s'en est saisie à son bénéfice. Il ne s'agit plus que de savoir si c'est pour la liberté ou pour un simple changement de

7

couronne et de portefeuilles que la bataille des trois jours a eu lieu.

Qui a fait la révolution de juillet? le peuple. Pour qui avait-elle été faite? pour le peuple. Qui en a profité? ceux-là même qui s'y opposaient. Pourquoi le peuple s'est-il fait tuer en juillet? pour renverser les Bourbons, et les principes de la restauration. Où sont les calomniateurs du peuple, les insolentes consciences qui oseront le nier? Oui le peuple a tout fait, le peuple en veste, le peuple qui travaille et qui souffre, le peuple qui ne pardonne jamais les outrages qu'on fait à la patrie, le peuple qui n'a jamais fait pacte avec la trahison, le peuple qui ne regarde jamais autour de lui, mais devant lui, le peuple qui donne les coups mortels aux perfides usurpations, le grand tueur des mensonges politiques, le peuple qui s'oublie et qu'on oublie toujours, les héroïques prolétaires des rues, le peuple que la victoire trouve toujours sublime et désintéressé, le peuple qui seul est grand après le génie et Dieu. Que voulait-il le 26 juillet? ce qu'il a voulu le 27, le 28 et le 29; ce qu'il voulait depuis 1815, depuis 93, depuis 89, la liberté et l'égalité, l'indépendance et la gloire. Ce n'est donc ni pour la législation des Bourbons, ni pour la Charte, ni pour le maintien de ce qui était qu'il a couru si vaillamment aux armes, et qu'il a jeté par les fenêtres des Tuileries les insignes de la monar-chie. Cette Charte qui ne le connaissait pas et qu'il ne connaissait pas lui-même, cette Charte qui n'admettait que le privilége, cette Charte qui n'était montée sur le trône qu'à l'aide de l'étranger, qui reniait la souveraineté nationale, qui ne signifiait à ses yeux que la légitimité du drapeau blanc, qui tenait l'État hors du peuple, qui datait de l'invasion, cette Charte enfin qui ne lui donnait ni liberté, ni égalité, ni gloire, ni indépendance, ni bien-être, qu'il ne comprenait pas, qu'il ne sanctionnait pas, qu'il n'aimait pas, car on n'aime que ce que l'on connaît et qui nous aime. Eh! quoi, c'est pour elle, c'est pour un être métaphysique, pour un système de pondération, que le peuple aura bravé les canons de la monarchie qui nous l'avait imposée, qu'il se sera fait couper bras et jambes; il aura vaincu pour une théorie! lui, le peuple!.... Est-il au monde une assertion plus erronée, plus insolente, plus dénuée de sens, de raison et de vérité? Tartuffes de la liberté, vous en avez menti !... Non, le brave peuple des trois jours ne s'est pas fait mitrailler pour la Charte. Le cri de vive la Charte! n'était que le mot d'ordre de la journée décisive, le cri de ralliement des combattans nationaux, car c'est par la Charte que l'action avait commencé, mais il y avait quinze ans que les deux camps manœuvraient. Le mot de Charte signifiait feu sur l'ennemi pour les masses ; pour les patriotes ce triste mot renfermait les humiliations de 1815, toute la restauration, rien que la restauration. Les hommes vraiment libres, vraiment purs, vraiment français, les Écoles, la jeunesse savante, les classes intellectuelles, le Barreau, les Arts, les Lettres, tout ce qu'il y avait de généreux en France, demandait, voulait l'abolition des priviléges reconstitués par elle, par conséquent une autre constitution que la Charte des Bourbons. S'il était vrai qu'on n'eût combattu en juillet que pour le *statu quo* constitutionnel, qu'on n'eût renversé la royauté que pour la rebâtir, pourquoi n'avoir pas gardé la légitimité qui avait fait la Charte ? Puisqu'il était question de l'ordre légal, pouquoi pas l'ordre légal selon la Charte, le drapeau blanc selon la Charte, la pairie selon la Charte, la royauté selon la Charte, les Bourbons selon la Charte ? Si Charles X tombait pour avoir violé son serment à la constitution de la monarchie légitime, pourquoi le duc d'Orléans et les députés qui avaient prêté le même serment de fidélité à la légitimité le violaient-ils à leur tour ? Une violation excusait-elle une violation ? Un parjure annulle-t-il un parjure ? Puisqu'on ne veut reconnaître dans l'*événement* de juillet

qu'une insurrection en faveur des lois existantes et de
la restauration, pourquoi pas encore cette même
restauration et ces mêmes lois existantes? Or, d'après
ces lois, Charles X étant le roi légitime, le chef légal,
le souverain selon la Charte, la Charte lui assurait le
droit de transmettre le pouvoir, par abdication, au droit
de son héritier légitime Henri V. Si l'on a combattu en
juillet pour le maintien et l'exécution de la Charte,
Henri V est donc roi par cette Charte, et Louis-Philippe, de déduction en déduction, n'est plus qu'un
usurpateur en face de la Charte et de la logique constitutionnelle. Alors il n'y a pas eu révolution par le
peuple sur la place de Grève, mais révolution de palais par une poignée de factieux.. Voilà où conduit l'absurde. Insensés! croyez-vous que le peuple entre dans
vos subtilités subversives de l'ordre national, et s'ima-
gine n'avoir pas fait ce qu'il a fait, n'avoir pas haï ce
qu'il a haï, n'avoir pas voulu ce qu'il a voulu, n'avoir
pas renversé la monarchie royale des Bourbons, et leurs
institutions aristocratiques, et leurs traités avec l'étranger, et la restauration, et sa Charte avec elle? Croyez-
vous qu'il n'ait frappé que pour ne pas frapper, vous
qui n'avez trouvé sous le pavé des barricades et dans
les tombeaux du Louvre que l'ignoble chiffon d'un
amendement à l'artiche 14 de la Charte? Allez, malgré

vos faux témoignages , le procès est jugé , la sentence
exécutée. La Charte inséparable de la légitimité royale
a été suppliciée avec elle en place de Grêve. La Charte
est morte, vive la Nation !

Voilà donc le peuple souverain rentré dans son
palais de l'Hôtel-de-Ville. Il y dépose sa belle et ma-
gnanime victoire dans toute la pureté de sa gloire.
Le drapeau de la sainte cause des peuples monte
sur les tours de Notre-Dame pour donner le signal de
la résurrection nouvelle; c'est la Pâques de la Liberté.
Les insignes de la Monarchie sont tombés de toutes
parts. La révolution avec ses trois couleurs parcourt
toute la France au pas de course, et dresse sa tête gigantesque sur nos frontières, comme pour dire à la
Sainte-Alliance que la paix hostile de quinze ans est
finie, et qu'il est des comptes à rendre à la grande Nation, à la cause sacrée des libertés modernes, à l'affranchissement de la grande famille du vieux continent.
L'Europe des peuples, en la voyant surgir à l'horizon, comme le soleil d'une ère nouvelle, pousse
des cris d'enthousiasme, et s'agite d'un long tressaille-
ment; l'hosanna populaire passe les vastes mers et re-
tentit comme une voix de tempête dans tous les échos
de l'autre monde. La terre entière frémit d'admira-

tion et de joie, le triomphe est universel. Gloire à l'héroïque population de Paris ! reconnaissance de tous les peuples au peuple vainqueur des barricades ! que de prospérités futures dans ce miracle de la Liberté !...

Hélas ! ce germe magnifique de l'émancipation moderne, dans quelles mains il est tombé !... Admirable soleil de juillet, flambeau sacré des grandes âmes, lumière des peuples, comment t'es-tu voilé ?... Un homme de moins, un homme que les voix de la Liberté des deux mondes avaient proclamé le sage des sages ; un homme dont la parole était devenue une autorité, cet homme de moins, et la révolutions marchait !... cet homme de moins et la France était sauvée !...

# Que devait-on faire en Juillet?

Sachant le pourquoi du combat des trois jours, c'est-à-dire le renversement de ce qui était, il n'était pas difficile pour toute vertu patriotique de suivre le mouvement déterminé par le peuple, à moins de se laisser corrompre par l'intrigue ambitieuse pour dénaturer le principe de la révolution populaire; et ce principe, base de toute organisation sociale, c'était la souveraineté nationale violée par la restauration de la Charte de 1815.

Un gouvernement improvisé par le succès du peuple s'était établi, en son nom, pour régulariser l'action révolutionnaire. Le parti vainqueur, maître du champ de bataille, s'était mis en faction à la porte de l'Hôtel-de-Ville pour y constituer sa victoire souveraine, et pour ne laisser entrer dans ce palais de la révolution que ce qui était de la révolution. Autour de l'enceinte nationale, par-dessus les clameurs du triomphe, comme naguère à travers le tumulte du combat, deux grands cris, deux grands souvenirs, sortaient de la bouche puissante du Peuple : Vive la république! vive la liberté! —Vive Napoléon! vive l'indépendance! Le premier répété par une jeunesse ardente, énergique, généreuse; le second par la population des faubourgs. L'un parmi les habits en tête des colonnes; l'autre parmi les vestes dans les masses agissantes; mais, il faut le dire hardiment, ce fut le second cri qui fut, hors de Paris, le cri de l'insurrection générale. En revoyant les trois couleurs, les villes et les campagnes crurent revoir l'Empire national de 1815, une autre 20 Mars!.... Pour les provinces, *vive Napoléon!* signifiait à bas les Bourbons! *vive l'Empereur!* à bas le roi! Et c'est à ce cri répété par tous les échos de la France, que la main du peuple dépendait, déchirait et traînait dans la boue les emblêmes de la royauté. Jamais révolution fut-elle plus significative, eut-elle un langage plus positif? D'un bout de la France à l'autre, le nom et le blason fleurdélysé de la royauté tombaient comme par un seul coup de tonnerre universel.

Le peuple seul, sans généraux, sans organisation, avec sa vertu et sa force, vainqueur discrétionnaire, avait régné pendant trois jours sur la place publique, sans qu'un excès vint donner gain de cause à ses vils et lâches calomniateurs, il n'avait pris et gardé de sa victoire que l'honneur de compter pour quelque chose. En province, même mouvement, même action, même résultat, souveraineté du peuple partout. Les départemens, par un accord électrique, avaient rompu le faisceau royal; et, comme par magie, les citoyens avaient organisé, dans des choix excellens, leurs autorités administratives et civiles. La révolution gouvernait sur toute la face du pays libéré; tout marchait par l'impulsion donnée d'un mouvement unique : point de collision, si ce n'est avec la royauté qui lâchait le pied de toutes parts; point d'anarchie, point de confusion : unanimité de vues et d'intérêts. Le droit public et les lois civiles restaient debout, impassibles et vénérées, sur les débris de la restauration. La constitution de 91 organisait partout à-la-fois les milices citoyennes de la liberté; partout à-la-fois la république, en attendant. Il ne restait plus qu'à constituer l'avenir. Le gouvernement provisoire avait donc pris place à l'Hôtel-de-Ville, au nom du peuple et pour le peuple. La nécessité ne devenait droit que pour le gouvernement transitoire et non pour une royauté définitive qui ne pouvait sortir que d'un congrès national. L'urgence, cette haute raison de la peur ou de la calomnie, si tant est qu'il y eût urgence, ne permettait qu'un gouvernement organisateur et non un pouvoir organisé. D'un côté, la modération et la générosité de la victoire; de l'autre, l'insurrection régulière et générale des provinces en harmonie avec celle de la capitale, à leur tour, n'imposaient-elles pas à la Commission de l'Hôtel-de-Ville la nécessité du provisoire, nécessité de transition lente à une constitution définitive par la Nation elle-même, plutôt que le passage brusqué à une constitution de contrebande, enlevée au pas de charge par une faction sans mandat ?

M. de Châteaubriand, comme royaliste de la légitimité, proteste contre les usurpations de 1830, au nom de la monarchie héréditaire; et moi, patriote de la légitimité nationale, je proteste au nom de la souveraineté du peuple. Henri V est le roi de son choix, de son culte, de sa conscience. Moi, c'est dans Napoléon II, véritable représentant de la souveraineté populaire, élu et reconnu par la Nation, que je place ma raison de républicain. C'est le droit d'une famille royale que vous invoquez; moi, je défends le droit du peuple. J'explique mon opinion comme vous la vôtre. On a respecté votre pensée ; on doit respecter la mienne. Égalité.

La restauration renversée, le peuple vainqueur redevenu souverain, l'action révolutionnaire régularisée dans la capitale et dans les provinces, le drapeau de la Liberté arboré partout avec enthousiasme, la royauté proscrite, un gouvernement provisoire établi, que restait-il à faire ? A constituer la souveraineté nationale sous une forme légale, stable et définitive.

Trois gouvernemens étaient possibles : la république, l'empire de 1815 régénéré et sanctionné par les suffrages du peuple, une royauté représentative par une nouvelle élection.

La république avait sa constitution toute faite, dont les troubles civils de 93 avaient suspendu l'exercice.

L'empire avait aussi la sienne, acceptée par les votes de la Nation et confectionnée par la chambre des représentans.

La royauté seule n'en avait plus ; car la charte n'émanant pas de la Nation, et renversée nécessairement avec la restauration, était tombée avec le droit royal. Pour réorganiser la royauté sur des bases populaires et sous une nouvelle forme représentative, le droit national voulait une élection ou une sanction générale, élection pour ce qui était à faire, sanction pour ce qui aurait été fait. De-là les assemblées primaires et le congrès national constituant ; par-delà ces voies plus de légitimité. Deux partis s'offraient pour la constitution de la royauté nouvelle, ou la continuer dans la dynastie déchue en la personne du duc de Bordeaux, mais avec la condition des suffrages universels, ou la recommencer dans une dynastie nouvelle en la personne du duc d'Orléans, toujours avec la même condition indispensable, la volonté et la sanction du peuple français pour base.

L'invulnérable logique d'un des plus beaux talens de notre époque, du plus énergique défenseur des droits de la Nation, de M. Cornemin, a démontré d'une manière invincible l'inexorable nécessité d'un congrès d'origine populaire. Hors de la logique point de salut, car la logique est la souveraineté de la raison. Nous allons considérer la question du gouvernement définitif sous ses trois faces, Royauté, République, Empire,

# Le Duc de Bordeaux.

La politique de sentiment a ses dangers de séduction : les cœurs nobles et généreux s'y laissent prendre facilement ; mais la raison publique place toujours les droits avant les affections, le bien général au-dessus des intérêts privés, la justice avant la pitié. Les destinées d'un peuple préoccupent bien autrement, et dans une sphère bien plus élevée, l'austérité des esprits graves, que les infortunes souvent méritées des familles royales. Respect au malheur, quand il ne sort pas de lui-même ! Mais aussi respect au Peuple qui brise ses fers et qui châtie ! Certes l'antique dynastie des Bourbons, marquée sur son déclin au coin de la fatalité, comme la famille des Labdacides thébains, touchée du doigt de la Providence et de la main du Peuple, a plongé dans des flots d'amertume sa tête

chargée d'outrages et de malédictions. Certes elle a bu
toute la lie du calice, elle a versé toutes les larmes de
ses yeux, elle a passé par toutes les expiations qui épou-
vantent, elle a même dépassé le malheur humain.
Quand le calme est venu aux populations, après l'ou-
ragan de la haine et de la vengeance, ses plus fougueux ennemis ont eu des larmes pour elle et ne l'ont
plus haïe. Mais là s'arrête la pitié; elle a ses limites.
De l'autre côté, la Patrie se retrouve avec ses longues
tortures de quatorze siècles, avec toutes les empreintes
du sceptre sur le corps, avec ses vastes blessures dans
les flancs, et, pour témoigner de ses douleurs profondes, derrière elle, d'innombrables victimes tombées,
au nom de la Liberté, sous la mitraille des coalitions
royales. Les calamités publiques ne laissent point de
place dans les âmes aux infortunes individuelles. Au-
près d'une Nation qu'est-ce qu'une Dynastie ?

Les Bourbons ont fait leur temps : leur mission est
finie. Ils ne font plus partie que du passé. L'avenir ne
peut plus être royaliste, il n'est plus que national, car
la Nation n'était pas du passé. Le peuple français est
né en 89 ; il a fait acte de majorité en 92, il s'est marié
avec la gloire en 1804 ; puis est venu le divorce forcé,
puis les tristesses du veuvage, puis le second hymen de

l'Empire avec la Nation, l'alliance de la gloire et de la liberté. La violence seule a de nouveau séparé ce qui était devenu inséparable. Les Bourbons, que la Nation avait oubliés, qu'elle ne connaissait plus, pénètrent de force dans le sanctuaire. La violation du domicile dure seize ans. Il n'y a jamais eu d'union, il faut le répéter à satiété, entre le peuple et la dynastie royale. Il n'y a jamais eu d'autre légitimité dans la monarchie de la charte que celle du fait, jamais celle du droit.

A quel titre donc aurait-on pu nommer le candidat des royalistes? On ne pouvait proposer le duc de Bordeaux que comme l'héritier de Charles X, c'est-à-dire de la royauté d'imposition. La monarchie de Hugues Capet, percée d'outre en outre en 91, n'avait-elle pas été exécutée sur l'échafaud de la république, en dernier ressort? Le peuple, par ses mandataires, n'avait-il pas consacré le bannissement perpétuel de la dynastie royale? Le peuple avait-il abrogé ce décret de sa souveraineté? Ainsi donc, quand on invoque le principe de la légitimité en faveur du duc de Bordeaux, ce n'est plus celui des siècles, engendré d'ailleurs d'une usurpation primitive, qu'on peut revendiquer : ce principe même n'avait jamais reçu la ratification du peuple français, car avant la résurrection de 89, de bonne foi y avait-il eu un peuple? la volonté nationale était-elle jamais entrée dans la monarchie antique? Point de mandat populaire dans les rois successifs, héritant de l'usurpation ; point de droit, point de légitimité. Et puis, dans l'hypothèse de cette légitimité ancienne, elle avait cessé d'être en 91 et en 93. Ce n'est donc pas comme héritier de la royauté Capétienne que le duc de Bordeaux pouvait être reconnu de la révolution de juillet : comme héritier de la légitimité de 1814, même incapacité, puisque cette légitimité provenait de l'usurpation par violence extérieure. — Il ne lui restait donc plus que l'élection populaire par un congrès national, par cela seul que le peuple, reprenant ses droits et redevenu souverain, était en mesure de déléguer le pouvoir et de stipuler un nouveau contrat. Voilà comment il faut envisager la question capitale, et laisser là tout ce prestige pompeux de souvenirs historiques et de solennités royales qui n'en imposent plus à l'intelligence éclairée des peuples. Il faut des raisons et non des sentimens. Entre deux usurpations, celle des temps anciens et celles de 1814, brisées toutes deux, la première par la Nation en 92, la seconde en 1830, le duc de Bordeaux n'avait plus qu'à solliciter les suffrages du peuple français, pour obtenir la plus légitime des légitimités, l'élection nationale ; mais cette élection

8

en sa faveur était-elle possible? n'avait-elle pas ses abîmes!

L'élection du duc de Bordeaux était-elle possible? Non. Revenons à la question qui domine toutes les autres, comme la fatalité domine les événemens humains. Pourquoi la révolution de juillet? Pour renverser la restauration. Dans quel but la restauration? Dans le but d'asservir la France et de détruire son principe de souveraineté nationale par le principe mensonger de la légitimité monarchique. La révolution de juillet détruisait donc à son tour le principe de la légitimité monarchique, et reconstituait la souveraineté de la nation. Quel était l'héritier de la restauration ? Le duc de Bordeaux. Il était donc l'ennemi né de la révolution de juillet. Or comment la révolution aurait-elle accepté pour la représenter son plus mortel ennemi par nature? Quoi! elle se serait suicidée au milieu de son triomphe! la victoire soumise à la défaite! car le duc de Bordeaux n'aurait jamais pu se présenter que comme Bourbon, comme leur descendant et leur héritier. Son droit de naissance seul eût plaidé pour sa candidature. Sans cela pourquoi pas un autre candidat étranger au pouvoir? Le successeur héréditaire de la restauration, roi de la révolution qui détruisait son héritage! Héritier de la déshéritation! La légitimité sur les débris de la légitimité! monstrueuse anomalie! inconséquence énigmatique! la liberté aux mains de l'absurde! Est-il croyable même que le peuple, dans les palpitations de la victoire, eût accouplé le nom d'Henri V avec celui de la liberté? Est-il croyable qu'il eût, de ses mains tremblantes encore d'une sainte colère, démoli ses barricades vengeresses, pour livrer passage au petit-fils de Charles X, à l'élève des jésuites? Est-il croyable qu'il eût restitué à l'héritier du meurtre ce fauteuil royal des Tuileries, dont ce peuple avait pris possession par un sublime cadavre de juillet? L'enfant du drapeau blanc, que la fourche populaire chassait de Saint-Cloud et de Rambouillet, pouvait-il changer par je ne sais quel miracle cette fourche en sceptre légitime? Est-ce avec la poudre de l'artillerie de la garde et le sang des patriotes qu'il eût tricolorisé son pavillon royal? Est-ce que, s'il eût paru aux barrières de la ville libre, les ossemens des morts de juillet et les pavés souverains ne se seraient point levés en masse pour lui couper le chemin du trône? Est-ce que des milliers de veuves, d'orphelins et de blessés avec leurs vêtemens troués par les balles, ne seraient point accourus à sa rencontre, les uns couverts de pleurs, les autres de sang, lui crier avec des accens terribles : Mon époux! — Mes membres ! — Mon père !... Aurait-il fait taire ces milliers de voix accusatrices, en répondant : Ma mère est veuve aussi, moi aussi je suis orphelin !... De tous les côtés le sang nous sépare !...

Son élection par le peuple avait si peu de chances de possibilité, que pas un royaliste n'a pris en main la cause du jeune prince. Où sont les fidèles qui ont combattu pour leur culte? Quelle épée de grande famille est sortie du fourreau pour la dynastie tombante? Quelle bouche courageuse est venue pendant le combat, et même après, crier son *vive le roi?* D'un bout de la France à l'autre, même silence de mort qu'au 20 mars. La Vendée elle-même n'a rien dit. Et si plus tard le meurtre royaliste a relevé la tête dans ces contrées malheureuses, est-ce bien l'œuvre de la Vendée, ou l'essai de quelques ambitions dépouillées? Ces tentatives de guerre civile, après coup, par réflexion, et non par inspiration, de quelques aventuriers que la population désapprouve et pourchasse elle-même, ces guets-apens de royalisme, ces parties de brigandage sans à-propos, que prouvent-ils, sinon la faiblesse, ou la tolérance criminelle, ou l'incapacité, ou les fautes du systême qui dirige l'État? La Vendée a pris rang dans les victoires de l'Empire : du temps de l'honneur, elle ne se soulevait pas. L'Empire l'avait rendue citoyenne, elle avait déserté le passé pour un présent qui cicatrisait ses plaies avec le baume de la gloire. La royauté était sortie même des cœurs. Il a fallu les prêtres incendiaires de la restauration pour rallumer ses feux éteints. Mais la civilisation a pénétré dans cette patrie de la guerre civile : le colosse du fanatisme a perdu de sa taille. Il ne marche plus dans sa force ; il n'est plus qu'à la hauteur des genets où il se cache, ce n'est plus qu'une parodie de la grande rébellion ; il n'y a plus de Vendée possible ; il ne reste plus même que le spectre inanimé de la misérable chouannerie. On ne combattra plus, on assassinera. Ce n'est pas avec des meurtres et des ravages du troisième ordre qu'on regagne une partie perdue, qu'on relève une monarchie. Qu'espère-t-on de ce brigandage au petit pied, lorsque les neuf cent mille égorgemens de la grande Vendée n'ont pu sauver la famille de Louis XVI, et rendre le sceptre à Louis XVIII? Ainsi donc les escarmouches honteuses d'un pays, qu'aurait pacifié le seul regard de l'illustre Lamarque, ne témoignent point de la popularité de Henri V, mais de l'impopularité du gouvernement actuel. Que si l'on invoque en faveur du prince enfant, je ne sais quelle mauvaise réputation des contrées méridionales en fait d'idées libérales ; je répondrai : On calomnie indignement le midi lorsqu'on doute de son amour pour la liberté; les patriotes y tiennent le premier rang, et l'amour de la patrie ne brûle nulle part d'un feu plus ardent que là. Moi qui suis né dans cette belle partie de la France qui peupla de grands hommes de guerre la grande armée de Napoléon, je proteste de toutes les facultés de mon âme, au nom de mes braves compatriotes, contre ces outrages de l'opinion. Dans ce pays de passions vives, tout se dessine hardiment, point d'indécision, tout est bien tranché. Les petites bandes des opinions y ressemblent à des masses par leur violence, l'audace supplée au nombre. Le fanatisme religieux prête des forces à une minorité factieuse, mais énergique. Une organisation patriote dans les autorités aurait bientôt fait disparaître ces bouts de royalisme, dont quelques familles puissantes seules entretiennent la flamme. Une administration forte, et l'arbre de la liberté, sous ce ciel ardent, jetterait un feuillage puissant et magnifique. Là, comme dans le nord, comme dans la Vendée, la cause de la légitimité n'a de refuge que dans quelques vieux châteaux délabrés comme elle, dans le confessionnal des églises, et dans les inconséquences de l'autorité.

Si les électeurs, ne croyant pas à ce qui est pour

long-temps, découragés par l'instabilité des systêmes, répondent mal à l'appel des colléges, il n'en faut accuser que les défiances qu'excite le gouvernement copiste de la restauration. Si la Chambre des Pairs a subi l'amputation de cent quarante membres, si la Chambre des 221 n'a pas été unanime pour la nomination de Louis-Philippe, si bon nombre de magistratures et d'administrations civiles ont subi la nécessité des épurations, si de fréquentes démissions ont salué l'avènement de la royauté nouvelle, que faut-il en conclure? Que ces actes de fidélité ou du prudence dans l'échelle hiérarchique des pouvoirs, que ces éliminations, ces démissions attestent l'habileté du gouvernement déchu dans la distribution des charges, et que ses créatures ont vu sa chute avec douleur. Mais qu'est-ce qu'une fraction imperceptible à côté d'une majorité colossale pour la révolution? Les non-adhésions, comme les adhésions des autorités ne prouvent rien ni pour ni contre, pas plus que les vaines cérémonies des députations partielles, les adresses courtisanesques et les acclamations arrangées à l'avance. Si l'armée, dans ses hauts rangs, a fait des vides au départ du drapeau blanc, c'est que la plupart des hauts officiers tenaient à l'ancienne cour, et que l'armée elle-même, qui est encore la Nation, par de nobles insubordinations, a forcé à la retraite ces héros du favoritisme. Si l'on a suspendu dans plusieurs lieux l'organisation des gardes nationales, si dans d'autres on les a désarmées, si les élections municipales n'ont pas eu partout leur plein effet, est-ce plutôt par crainte des royalistes que par haine des patriotes ? Le pouvoir actuel semble avoir pris pour devise : Pour les vaincus contre les vainqueurs ! pour la servilité contre le libéralisme. N'arguez donc pas des fautes du gouvernement que le parti déchu domine. Vous vous arrêtez à la surface de la question, entrez dans la masse, et comptez vos hommes. Du reste, en est-il moins constant que pas une fidélité n'a soufflé le mot pour la candidature de Henri V, quand le bras du peuple se levait encore ? Ce n'est que depuis que ce peuple semble avoir abdiqué, qu'on s'aperçoit qu'il existe un descendant de la restauration, un héritier des mitraillades, depuis que ce Peuple recommence ses plaintes, on essaye de les exploiter.

L'œuvre a été consommée ; la légitimité a péri. Barricadée aux Tuileries, où elle dévorait la substance de la Nation, où elle n'écoutait que les ennemis du Peuple, où les défenseurs de la Liberté, M. de Châteaubriand le sait bien, pour toute réponse, obtenaient l'honneur d'une disgrace, le peuple l'a enlevée d'assaut et l'a étouffée sur sa poitrine haletante. En opposition perpétuelle avec les intérêts de la société moderne, comment pouvait-elle, selon le dire de ses avocats, protéger cette même société et l'arrêter sur la pente rapide où la restauration l'avait placée? Et parce que cette adversaire opiniâtre des besoins de l'époque serait tombée, est-ce à dire que la société soit prête à se dissoudre? Comment la légitimité eût-elle pu donner l'existence au corps social qui n'avait plus rien de sympathique avec elle, lorsque la vie même n'était plus en elle.

La monarchie des Bourbons vient d'achever son agonie. Elle a eu sa durée. Elle seule était en décrépitude, et non la société. Les arts nés sous elle, les mœurs de son temps, les passions, les croyances d'autrefois, faisaient pour ainsi dire comme partie d'elle, avec cette différence que dans le cours des âges, le fond se développe à mesure que la forme se décompose. La vieille France râlait depuis Louis XV; elle a expiré en 89. Une génération nouvelle, une âme nouvelle, voilà la France d'aujourd'hui. Ce n'est pas le monde moral qui est usé, l'esprit humain est progressif, c'est qu'il a pris une autre face, tout change dans la vie des nations. En politique, loin de descendre, les esprits se sont élevés. Jamais les peuples n'ont mieux compris leur nature, et mieux connu leurs droits ; jamais l'homme n'a mieux senti sa dignité. Si la France ne s'est pas arrêtée à la forme républicaine, impériale ou monarchique, c'est qu'il a fallu continuellement lutter contre le passé. Quand le passé aura bien pris son parti de retraite, la société ne rencontrant plus d'obstacle sur sa route de perfectionnement, marchera d'un pas ferme et libre. Allez, allez, on croit à la liberté, malgré les corruptions des puissances ; mais on ne croit plus à la tyrannie, parce que les hommes sont devenus réellement des hommes. L'anarchie ne règne ni dans la morale ni dans l'intelligence ; la morale est dans les vertus civiles qui font justice de tout ; l'intelligence est descendue dans les régions inférieures : elle a créé un arbitre suprême, une conscience publique. L'anarchie est restée dans le pouvoir qui ne veut point obéir à cette conscience souveraine. La véritable maladie du corps social est à la tête, et non dans les organes nobles. Quand la tête sera saine, le corps deviendra fort et prospère : il a ses forces en lui. Les infirmités sont ailleurs que dans la nation. Elle est toujours sur pied, pleine de sève et d'énergie, quand la crise arrive ; elle vit toujours de sa vie inépuisable ; elle souffre, parce qu'on la met au régime des privations, à la diète des libertés et de l'honneur. Ce sont les gouvernemens seuls qui meurent successivement, parce qu'ils ne veulent pas participer de sa vigueur, de sa substance et de sa nature. L'État est encore en travail, voilà le secret de son malaise. La Nation veut, le pouvoir ne veut pas. Une santé robuste n'est qu'une harmonie parfaite. Il n'y a pas accord entre le gouvernement et la masse ; là est le mal, et la peur n'est pas certes un remède à ce mal. Tout ressemble à la faiblesse autour de nous. On se méfie de tous les côtés, la Nation du pouvoir, le pouvoir de la Nation, il y a eu tant de mécomptes depuis quarante ans. On semble ignorer que la France a fait des progrès immenses dans l'éducation politique. A force de se dire ayons peur les uns des autres, on a peur réellement. De-là l'énergie nationale neutralisée ; de-là l'infirmité du pouvoir qui va parce qu'il est pouvoir et qu'il a commencé. On dirait que sa force est dans sa faiblesse. On ne tombe pas vite ni de haut en rampant.

La royauté constitutionnelle de Louis XVI a duré trois ans ; elle a péri d'hypocrisie. — La république est tombée le 9 thermidor d'épuisement dans sa lutte gigantesque. — Le directoire a végété trois ans ; l'action violente de la veille ayant brisé les ressorts, ce monstre à cinq têtes s'est dissous dans sa propre corruption. Un soldat les lui a coupées avec son épée de vainqueur. Le

Consulat fut l'essai de l'Empire ; l'essai ayant réussi, l'Empire s'est fait un manteau de la capote de Marengo, et un sceptre de son épée. Le colosse national portait en lui des siècles d'existence. Il a fallu dix ans de guerres acharnées, tout l'or de l'Angleterre, et toutes les baïonnettes de l'Europe, pour l'abattre. La liberté de plus, et la terre était à lui. La restauration venait après de profondes agitations. On accepta sa paix par lassitude. Il n'en fallut pas moins un nouveau soulèvement de l'Europe, un an après, pour tuer une seconde fois la nationalité de l'Empire. Le peuple alors, désabusé de tout, énervé par les humiliations pacifiques, s'est enseveli dans la vie privée avec les grands souvenirs de son règne impérial, jusqu'au jour de la résurrection terrible ; il se retire dans son cœur, où est la vie avec la foudre ; il en sortira avec elle. Peut-on conclure, en conscience, de toutes ces rapides transitions de gouvernemens, que la nation française n'a de vitalité politique que pour un temps donné. Ce sont les gouvernemens qui portent en eux leur force et le terme de leur durée : ils vivent en raison de leur propre vertu. Du reste, l'Empire seul n'est tombé que par des causes étrangères, et non, comme les autres gouvernemens, par la justice populaire et par des coups de l'intérieur. L'Empire s'était identifié avec la patrie, et la patrie qui semble être tombée avec lui ne pouvait peut-être se relever que par lui.

L'impossibilité de l'élection de Henri V reconnue, soit en sa qualité de petit-fils de Charles X, soit comme héritier de la restauration, au moment où la restauration était mise hors la loi, où Charles X fuyait, où le volcan jetait ses flammes, aujourd'hui que la lave s'est refroidie, et que la restauration elle-même semble s'être introduite de nouveau aux Tuileries par une porte dérobée, avec des lambeaux de charte recousus, dans l'hypothèse que le congrès national aurait à prononcer entre plusieurs candidats, est-il probable que Henri V aurait plus de chances désormais? Il faut se faire étrangement illusion pour le croire. Aujourd'hui comme alors, n'est-il pas l'héritier de Charles X? Son nom suffirait pour soulever de nouveau les masses; pour ramener les vengeances populaires de Saint-Germain l'Auxerrois. Quoi donc! l'argument le plus fort des patriotes contre le gouvernement actuel est qu'il amortit l'élan révolutionnaire pour rendre le trône au jeune légataire de la monarchie; un des plus grands griefs dont l'opposition s'arme contre le pouvoir, c'est que les dangers de son système tendent à ramener Henri V, et vous vous imaginez que ce même Henri V aurait des chances de succès dans le suffrage

universel ! que le drapeau tricolore le reconnaîtrait !
C'est dans la situation critique, dans le malaise de la
France, que vous puisez vos espérances. Mais ce malaise, d'où provient-il, si ce n'est de la restauration ?
Si la Nation murmure hautement, si la Liberté se plaint,
si la misère multiplie ses émeutes, si la Sainte-Alliance
nous tient encore sous ses filets, si l'armée française
obéit aux ordres de la diplomatie, si les cachots se nour-
rissent de patriotes sous un prince jadis républicain et
muni d'un vieux certificat de civisme, que serait-ce donc
sous un prince façonné par des mains d'évêque, sous
l'élève des jésuites, sous le protégé de la Sainte-Alliance?
Et les dangers d'une minorité sous la régence d'hommes
de la restauration, sous l'influences des vieilles rancunes de l'émigration, avec son entourage de prêtres
et de gentilshommes ! Si la France ne reprend pas son
assiette de grande nation, si l'on ne croit pas au présent, si la confiance et l'harmonie n'habitent nulle part,
c'est qu'on a voulu rajuster les débris de la restauration,
et donner une couche de légitimité à l'ignoble replâtrage;
c'est qu'il y a du Bourbon au fond de tout ce qui se
passe. Comment Henri V s'y prendrait-il pour n'être pas
Bourbon à son tour, entre les inspirations de son grand-
père et les irritations napolitaines de sa mère ? Est-ce
que son parti n'a pas des ressentimens à satisfaire ? Est-

ce que les congrégations sont mortes? L'oubli est-il la
vertu des royalistes? Pourquoi ces manifestations d'affections et de tendresses scandaleuses pour le roi-bour-
reau de Lisbonne, pour l'autocrate assassin de la Pologne, pour l'empereur qui tue la liberté dans la belle
Italie, pour le roi-bombardier de Hollande, pour le duc-
potencier de Modène, pour tout ce qui opprime enfin?
Il n'est pas de si petit tyran que leur sympathie n'aille
dénicher pour l'applaudir. Voilà les hommes qui prê-
chent aujourd'hui l'autorité d'un congrès national! Ils
invoquent la liberté qui les a renversés, ceux qui lui
ont fait une guerre acharnée de quarante ans! ils en ap-
pellent au peuple, ceux qui n'ont jamais rien fait pour
lui!... Ils parlent d'indépendance nationale, ceux qui
ont mendié les secours de l'étranger! Ils se disent les
défenseurs des droits, ceux qui en ont demandé, loué,
exploité et défendu toutes les violations! Quoi! après
l'hypocrisie de la religion, l'hypocrisie de la liberté!...
Quittez vos mensonges et vos vertus de circonstances;
prosélytes de la légitimité, louangeurs du Trocadéro;
la Nation vous connaît, beaux masques. L'instinct du
peuple ne se trompe jamais : ses antipathies sont de
hautes vérités. Vous avez eu votre temps, vous avez
régné pour le malheur de la France; vous ne régnerez
plus. Une troisième restauration est l'unique ressource

qui vous reste. Rattachez-en les bouts, si vous pouvez,
à Madrid, à Londres, à Saint-Pétersbourg, à Berlin
et à Vienne : le peuple est là qui vous attend. Le volcan a d'autres laves toute prêtes. Essayez de la guerre
civile et de la guerre étrangère, conspirez, achetez
des consciences, poussez au fanatisme, la raison nationale est la providence moderne. Les Bourbons ont
fait leur temps : ils appartiennent au passé,

# La République.

Moi aussi je suis républicain par nature, et qui plus est par origine. Mon père a quitté la charrue en 93 pour aller vaincre les rois et le vieux régime en Italie. La sang de ma famille a coulé sous les drapeaux de la liberté et non sur l'échafaud de la république. Je suis donc républicain de naissance; je le suis encore de sentiment et de raison. Le gouvernement de la vertu me plaît mieux que le gouvernement de l'intrigue. Le système en faveur de tous m'a toujours semblé plus noble, plus humain, plus pur et plus beau que le système en faveur de quelques-uns. Là où le mérite et la probité tiennent le premier rang, où le privilége et la trahison sont des crimes, où les intérêts du peuple sont la loi suprême, où la patrie est tout, où la liberté est un culte, le bien un devoir, la raison un principe, l'égalité un droit et l'État une famille, là est la place de toute pensée noble, de toute ame grande, de tout enthousiasme généreux : la République est la patrie des abnégations sublimes, la Monarchie est la patrie de l'égoïsme aux bellds formes. Dans celle-ci le *moi* personnel, dans l'autre le *nous* universel ; ici le pays, là le prince. Il y a long-temps que mon choix est fait, il y a long-temps que la république est au fond de ma pensée, je ne vois de bonheur possible pour les peuples que par elle ; mais la république dans toute la vertu de sa nature. Pourquoi faut-il que cette sainte communauté de la patrie, cette admirable religion du bien public, cette grande théorie du désintéressement, placée entre la calomnie et la peur, cède toujours le pas aux dogmes de l'aristocratie, et soit toujours rejetée dans l'avenir, comme une perfection intempestive. On admet donc sa perfection, nous en avons pris acte. Mais depuis quand la perfection est-elle devenue un vice, le mieux un motif d'exclusion, le progrès une absurdité et la vertu une impossibilité ? Non, la vertu n'est pas impossible, non, les masses ne repoussent point le perfectionnement, non, la république n'est pas un anachronisme d'anticipation. Tout est possible avec l'intelligence, et l'intelligence est partout aujourd'hui. l'Europe est mûre pour la liberté, et point de liberté sans république, son jour arrive, l'avenir est à elle : Tombez, tombez, superbes masures du passé, place, place à la Liberté ! La république a été proclamée en 92. Harcelée comme elle l'était de tous les côtés par les meutes armées du despotisme et par les conspirations intérieures, menacée non-seulement dans son existence, mais encore dans l'indépendance nationale, elle n'a plus pensé qu'à la Patrie, elle ne s'est plus occupée d'elle, elle s'est dépouillée de son caractère, elle s'est constituée en dictature inexorable, elle a fait de la loi un glaive sans pitié ; partout où la Patrie était vulnérable, elle a étendu son bouclier de terreur ; elle a repoussé l'ennemi à coup de têtes ; elle a présenté à toutes les attaques un front sanglant hérissé de fer ; elle s'est faite cruelle par vertu, elle a changé le meurtre en salut public, elle a vaincu la mort par la mort. Ce n'était plus la république, c'était une admirable Euménide, une horrible bienfaitrice, dont la justice foudroyait, dont l'héroïsme ne voyait pas le sang, mais la Patrie, mais la gloire, mais l'émancipation universelle, mais tout l'avenir de la pensée humaine ; elle a tout consacré, et son fantôme colossal peut répondre avec orgueil aux diffamations des puissances liberticides, aux calomnies de ses accusateurs de France : A pareil jour j'ai sauvé la Patrie, à pareil jour, j'ai vaincu pour les peuples, et vous m'en rendrez grâce dans l'histoire, ce capitole des siècles.

La République n'avait donc pas encore régné par ses bienfaits : ses bienfaits sont venus après elle : et cependant l'ingratitude de la nation n'en existe pas moins. Le nom seul de République effarouche même ce peuple des faubourgs, qui se chargea de toutes ses vengeances, qui fut l'exécuteur passionné du Comité de salut public. L'Empire, la Restauration, et la Sainte-Alliance n'ont eu qu'un même cri de réprobation contre le gouvernement de la Terreur, l'un parce qu'il en héritait, les autres parce qu'ils en tremblaient encore. Ils ont fait chorus pour condamner et maudire ; ils ont voulu faire croire à l'enthousiasme du crime dans la Convention plutôt qu'à l'exaltation patriotique. Voilà trente ans que la République est sous le poids d'accusaions infamantes ; et la première voix qui s'est levée pour la justifier est celle d'un ennemi théocrate. La défense, la réhabilitation ont commencé dans le sanctuaire du despotisme : un homme de cónscience courageuse s'est rencontré à Saint-Pétersbourg, qui a osé dire le premier que le jacobinisme avait sauvé la France, il aurait dû ajouter l'Europe. Sa voix, de si loin, n'a pas eu de nombreux échos. Les souvenirs de la République sont restés lourds et sanglans dans les cœurs ; la calomnie a eu gain de cause. On n'a compté que les victimes de la terreur, on n'a pris note que des larmes et des gémissemens du parti conspirateur, on n'a regardé que les tombes anti-nationales, et l'on a gardé le silence sur les milliers de soldats patriotes morts pour la liberté, dont les ossemens peuvent se lever aussi sur tous les champs de bataille pour accuser les crimes des rois et de l'émigration, et pour demander aux générations qu'ils ont préservées de l'esclavage, s'il est vrai qu'on les oublie. Quand donc la vérité sera-t-elle la justice, et l'opinion publique la vérité? soulevez-donc toutes les puissances de votre ame contre les excès des rois qui ont rendu nécessaires les excès des peuples, si jamais la défense est un excès. Inventoriez donc les attentats des monarchies lorsque vous en trouvez tant à cette Révolution dont on persécute la glorieuse mémoire. La Restauration n'a-t-elle pas eu ses crimes?

Quoi qu'il en soit, lors des événemens de juillet, la République qui régnait depuis trois jours dans un ordre admirable, pouvait-elle se continuer ? Les mœurs étaient-elles à la hauteur de son gouvernement ? Les corruptions du Directoire, de l'Empire, et de la Restauration incrustées dans les sommités, les habitudes de gain et de jouissances personnelles dans la classe moyenne, les vives affections des classes inférieures pour le règne des victoires, n'étaient-elles pas autant d'obstacles du moment pour l'établissement d'un système si méchamment décrié et qui ne comptait pour lui qu'une minorité honorable, pleine de force, parmi les intelligences de la nation, dans l'élite des jeunes capacités; mais qui avait contre lui presque toutes les popularités de l'opposition de quinze ans? Un homme seul, une de ces popularités qu'environnaient les respects et les affections de l'opinion publique, le vétéran des principes constitutionnels, l'hôte de l'Amérique, le représentant de la première Révolution française, le chef obligé de la nouvelle, le vénérable Lafayette seul, à la faveur de sa belle renommée, pouvait se mettre à la tête de la chose publique. Qui aurait pu lui disputer la présidence?

Le duc d'Orléans? il n'était pas connu du peuple et il n'avait pour lui que l'aristocratie du second rang, la plus impuissante de toutes. Mais Lafayette n'avait plus en lui de jeune que son cœur de patriote. Il fallait un homme de force et de génie pour une république, et Lafayette ne l'était pas : il n'avait jamais eu que les vertus de la médiocrité. Acteur dans trois révolutions, il n'avait jamais su jouer le premier rôle : toujours dépassé par les événemens qu'il ne comprenait pas, il ne savait que les suivre et non les diriger : le pur citoyen n'avait rien du grand-homme, et, quoi qu'on en dise, il faut de grands hommes aux grandes choses ; quand tout un peuple, toute une révolution vous tombent dans la main, il faut que la main soit large et le bras vigoureux, ou le dépôt sublime vous échappe et passe ailleurs. Le génie de l'honorable Lafayette est tout simplement de la bourgeoisie tant soit peu marquisée. La démocratie n'a jamais pénétré dans sa pensée, il n'a jamais eu du faible pour la république, car il s'est insurgé contre elle en 92, et n'a point voulu d'elle en 1830. Sa glorieuse captivité d'Olmutz ne fut que le châtiment de sa rébellion contre la république pour le roi constitutionnel. Lorsque le 18 brumaire lui eut rendu la liberté stipulée par Bonaparte dans un traité, l'auguste captif honora de ses éloges le coup d'État qui renversait le directoire républicain. Il eut plus tard le noble courage de se soustraire aux honneurs brillans de l'empire ; il resta citoyen, il se mura dans sa vertu. Il ne reparut sur l'horizon politique que dans les Cent jours, pour prêter serment de fidélité comme électeur et comme représentant à l'empire régénéré, pour défendre avec Napoléon l'indépendance de la Patrie aux prises avec la coalition des despotes. C'est alors et l'austère vérité nous force à le dire à la France, c'est alors que l'ami de Washington, gagné secrètement aux espérances du parti d'Orléans anglo-constitutionnel, instrument sans le savoir des habiles trahisons de Fouché, dominé par ses vieilles rancunes contre l'Empire, s'abusant lui-même dans ses craintes pour les libertés civiles quand il ne fallait songer qu'à l'indépendance nationale, croyant agir en citoyen lorsqu'il n'agissait qu'en homme de parti, c'est alors qu'infidèle à son double serment, après le désastre de Waterloo, il lève une seconde fois l'étendard de la révolte dans la Chambre des représentans, et donne le coup de la mort à la défense du pays. Ainsi deux fois dans sa longue vie, à une distance de vingt-deux années, il paralyse l'action populaire, à l'armée de Sédan et à la tribune des représentans ; aussi deux fois la voix de la Patrie, par la bouche de la Convention et de Napoléon, le cite au tribunal de la postérité et l'accuse. L'accusation est écrite en caractères ineffaçables dans le Moniteur de la république, et dans le testament de Sainte-Hélène. Sans doute l'honorable citoyen ne fut pas coupable d'intention : il crut faire le bien en organisant le mal ; il ne fut coupable que de défaut de vue. La pensée fut innocente, sinon l'action. Bientôt cependant il effaça ces deux graves délits de sa politique par une guerre

opiniâtre, chaleureuse et nationale à la restauration.
Il fut de cette minorité toute-puissante, de cette opposition héroïque de quinze ans, de cette sublime hostilité des six qui a renversé le trône des six cent mille
baïonnnettes. Son ovation civique de Lyon fut comme
le prélude de la grande victoire de juillet. Ce triomphe
d'une province de France, comme un écho en deçà de
l'Océan du magnifique triomphe de l'Amérique, lui
disait assez quel il était pour la Nation, et ce que la
Nation était pour lui. Hélas! un an après, pourquoi
n'a-t-il pas compris ce langage civique? La révolution
de juillet le nomme son tuteur pour qu'il en devint le
protecteur ensuite, et peut-être le chef unique. L'Hôtel-
de-Ville s'offre à lui comme pour y maintenir la souveraineté du peuple vainqueur. L'élite de la jeunesse
lui sert de garde d'honneur : cette jeune république
vivante n'attend qu'un mot pour le proclamer son père
souverain ; il ne faut qu'un vouloir, qu'une parole :
vaine attente ! L'illustre vieillard, à l'aide de sa renommée, ayant déjà en secret abdiqué sa possibilité
de présidence, avant d'entrer à l'Hôtel-de-Ville, peut-
être avant d'en sortir, travaillait, à côté de la république armée, à l'érection d'une monarchie nouvelle.
Quand il avait à répondre aux vœux enthousiastes des
combattans de la liberté, en venant au Palais de la

Révolution, il avait déjà son roi dans sa manche. C'est lui qui a donné la couronne à Louis-Philippe; on le nie aujourd'hui, parce que tout bon service est reniable. C'est lui qui a servi de parrain à la Royauté des barricades; c'est lui qui l'a prise par la main et l'a conduite, en la couvrant de sa vieille renommée citoyenne, à travers les murmures et les acclamations soudoyées, au trône improvisé du Palais-Royal. Il est vrai que cette royauté s'est vengée plus tard du bienfait, et qu'elle a joué son noble parrain sous la jambe. Elle ne lui a plus laissé pour titre de reconnaissance que l'honneur d'être reçu à sa table, lui et sa famille, les jours de grand dîner. Voilà tout ce qui lui reste de sa souveraineté des trois jours. Encore si lui seul en eût souffert, l'ingratitude ne serait tout au plus qu'une honorable expiation d'un service rendu. Mais la liberté y a perdu plus que lui, et certes il en était comptable à la France. Il a eu sa responsabilité comme grand ministre de la révolution de juillet. Puisqu'il n'avait jamais aimé la république, qu'il ne lui avait jamais été converti, qu'il voulait une monarchie anglo-constitutionnelle, il devait à la Patrie de conditionner par un contrat en bonne forme le don de la couronne, d'assurer l'avenir à la constitution libérale et aux institutions républicaines, de lier les mains au pouvoir toujours envahisseur de sa nature ; de tracer le cercle de Popilius aux ambitions prochaines ; enfin de prévoir les infortunes du programme de l'Hôtel-de-Ville, et de l'imposer par capitulation, au nom du peuple en armes, au serment de la royauté finassière. Rien de tout cela. L'attendrissement a pris la place de la raison ; il n'a su qu'embrasser sa création, et non pas l'étreindre. La révolution a coulé dans ses mains faciles. Il n'a mis dans la partie que sa bonne foi de bon et loyal citoyen, il l'a perdue pour lui et pour nous. Il croyait servir la Nation, et l'on se servait de lui à part d'elle. Quand il n'a plus été utile, il est devenu dangereux. Le pouvoir de sa création lui a donné son congé comme on l'avait donné au peuple ; on ne l'a plus trouvé bon que pour les injures. Français de la jeune France, ne lui en gardons pas rancune ; respectons ses douleurs, car son noble cœur doit en porter de grandes et de profondes. Ses erreurs sont nées de ses vertus. À l'ingratitude de cour n'ajoutons pas l'ingratitude du peuple. Que son illustre vieillesse passe avec la conscience de ses services entre notre vénération et notre reconnaissance, pour aller s'endormir un jour, bien tard encore, dans nos souvenirs et dans sa gloire de grand citoyen, au Panthéon qui attend ses reliques nationales.

La République n'ayant pu s'établir, parce qu'un homme lui manquait et que son nom épouvantait les timides, qui constituent la majorité, il ne restait plus qu'à se rapprocher le plus possible de son esprit par des institutions larges, pour féconder le principe de la révolution de juillet et ruiner à tout jamais le système anti-patriotique de la Restauration. Là était le devoir du Gouvernement provisoire avant de déposer sa force ; car il était tout avec Lafayette.

# Monarchie Elective.

Le peuple n'avait pris les armes en juillet que pour renverser la Restauration, que pour reconstituer sa souveraineté, et pour rentrer dans l'exercice de la liberté que les traités de 1815 avaient mis à la chaîne. Ainsi, d'un côté, plus de traités honteux, plus de Restauration, l'honneur national ; de l'autre, liberté et souveraineté populaires. Voilà la ligne tracée pour le pouvoir nouveau. C'était au peuple, qui avait fait la Révolution, à faire le pouvoir ; il n'appartenait qu'à la Nation de recréer une Royauté neuve, si elle voulait encore de la Royauté. Il fallait d'abord le savoir ; or, comment le savoir sans la consulter ? comment connaître la pensée générale sans qu'elle s'explique ? L'a-t-on consulté ? s'est-elle expliquée ? Non. Le Peuple a-t-il fait la Monarchie de fraîche date ? Non. Quel droit invoque-t-on en faveur de son érection au pas de course ? La nécessité !.... La nécessité de quoi ? De gouverner, dit-on. Mais il y avait un Gouvernement provisoire, une lieutenance générale, des administrations citoyennes partout, des milices nationales, des lois courantes. Invoque-t-on la peur du Peuple ? Mais le Peuple venait d'être admirable ; mais il rentrait dans sa noble misère, sans murmure, content d'avoir vaincu pour la Patrie, et se reposant avec confiance dans l'espoir d'un meilleur avenir ; mais il protégeait lui-même avec son instinct merveilleux l'action des lois ; mais il laissait les vilenies de l'ambition aux courages bien habillés du lendemain ; mais le Peuple avait pris l'ordre public sous sa garde. Pourquoi le calomniez-vous aujourd'hui ? Rien n'est plus insolent que la poltronerie qui ne croit plus au danger. Laissez donc là votre argument paradoxal de la nécessité. Il me semble au contraire que la première des nécessités, la nécessité la plus nécessaire, est celle du droit. Où était le droit ? dans le Peuple. Comment pouvait-il le déléguer ? par le suffrage universel. Toute Monarchie élective doit avant tout sortir de l'élection ; or, qui élit, qui a le droit d'élire ? la Nation ou ses mandataires. La Nation a-t-elle donné sa voix ? non. Ses mandataires ?.... elle n'en avait pas nommé. Qui donc a fait la Monarchie

actuelle? quelques individus qui ne pouvaient représenter que leur volonté individuelle. En comptant les
membres présens qui ont fait un Roi de leur plein gré,
ils étaient deux cents, je crois ; mettons deux cent cinquante : voilà donc ce qu'on appelle un congrès national, la représentation de trente-deux millions de
têtes ! quelques députés qui ne l'étaient plus, qui n'a-
vaient point de mission spéciale, qui même, avec la
supposition de la légalité de leur députation, ne venaient stipuler que pour quelques mille électeurs ! Est-
ce bien à une nation spirituelle, franche, généreuse,
et surtout vivement logicienne, qu'on ose donner des
paradoxes pour de l'argent comptant (1). N'importe,
ce qui est fait est fait ; admettons le principe de la nécessité. Un Gouvernement existe pour l'exécution des
lois; on leur doit obéissance, sous peine d'anarchie.
Le présent est au pouvoir, mais à la nation l'avenir.


La nécessité du gouvernement admise, il reste toujours aux citoyens le droit de lui demander compte de
ses actes, de savoir s'il a rempli les conditions de son
avènement, s'il a satisfait aux intérêts nationaux et à
la raison publique, et s'il a maintenu le principe qui
l'a fait naître. L'a-t-il fait? Ici encore réponse néga-

tive. Déjà deux athlètes vigoureux, le génie et la logique, M. Cormenin et M. de Châteaubriant, ont fait bonne justice, l'un des vices de l'origine, l'autre des vices de l'action. Rien n'a été fait par le Peuple, rien pour lui. Le grand avortement de la Révolution en royauté n'a profité qu'à une famille qui s'est poussée, ou qu'on a poussée en avant à cause de sa bonne réputation de vertus domestiques. On savait, non dans le Peuple, mais dans les salons de la capitale, que le Palais-Royal, qui n'avait rien des vices des palais, était une bonne maison, où l'esprit, la sagesse, les études graves, l'économie, la bienfaisance, les grâces et la bonté habitaient en commun ; on savait qu'une heureuse et belle famille y vivait à l'antique, dans une simplicité noble, et dans l'exercice de tous les saints devoirs ; que le chef de la famille, en bon patriarche, n'existait que pour elle ; qu'il aimait la liberté, les arts et les champs, les trois amours de l'homme de bien. Le parti des ambitieux s'empare de lui, on le fait épouser par Lafayette, qui lui apporte en dot son ascendant, on le met sur le trône dont on varloppe à la hâte les souillures royales. Il y chante la *Marseillaise*, il y parle de sa vieille affection pour la République, il y prodigue sa main aux mains calleuses du Peuple, et quand il est bien assis, quand les habiles ont bien fait le cordon autour de lui, il tourne le dos à Lafayette, au bon Peuple ébahi, à la République, et à toutes les promesses de son avènement. Le parti d'Orléans règne ; il touche enfin au sceptre pour lequel on s'était fait un chemin de la vertu. Après l'avoir manqué deux fois en 93 et en 1815, ce parti qui le tient, et qui le tient bien, s'en sert comme d'une baguette de magicien pour faire rentrer sous terre, ou pour couper sur pied, toutes les pousses vivaces de la Révolution. Un jour, et ce jour n'est pas loin, nous peindrons à larges traits l'histoire politique et morale de ce parti, qui a damé le pion à tous les autres le mieux du monde, et qui a merveilleusement caché son jeu depuis la conférence d'Ath. Il ne s'agit maintenant que de prouver qu'il a mal compris sa mission, s'il ne l'a pas trahie. Je remplis mon devoir de citoyen, je m'attaque au ministère et non au trône ; ce n'est point aux personnes, mais au système que s'adresseront mes récriminations. Les hommes disparaissent en face des principes. Qu'a-t-on fait pour le Peuple ? qu'a-t-on fait pour la Nation ? Je me renfermerai dans ces deux questions.

# Qu'a-t-on fait pour la Nation?

Toute révolution est un changement complet, à neuf, d'un système vaincu, soit au dedans, soit au dehors. La continuation du système réprouvé n'est autre chose qu'une contre-révolution. Quelques amendemens spécieux ne corrigent pas le vice radical. Il faut être ou l'un ou l'autre, ou du passé ou de l'avenir. Le passé pour la France, c'était la Restauration, le principe aristocratique, l'abaissement de la Patrie; l'avenir, c'était la réhabilitation de cette Patrie, le retour des principes démocratiques, la Révolution enfin. La victoire de juillet était le Waterloo des peuples et surtout du peuple français que la Sainte-Alliance avait débusqué de sa suprématie continentale. La coalition de l'immobilité de 15 ans avait mis la civilisation libérale des nations en charte-privée; on avait fait partout une chasse à mort à la Liberté, en haine de la France. Les peuples qui jadis s'étaient compromis dans ses victoires, qui l'avaient prise pour chef de file et qui lui avaient noblement fourni leur large part de sang, avaient eu leur large part aussi de ses défaites, de ses châtimens et de ses humiliations. L'infamant traité de 1815, l'odieuse conspiration du congrès de Vienne, le despotisme des congrès suivans avaient également pesé sur la France et sur ses vieux amis de gloire et d'infortune.

La résurrection populaire de juillet appartenait donc à tous les peuples; le signal était donné de l'émancipation universelle. La cause sacrée n'était pas seulement renfermée dans les limites de la France de 1815, mais elle s'étendait au loin, en Espagne, en Italie, en Belgique, en Pologne. La Sainte-Alliance des Rois était arrivée à son heure dernière; c'était le tour de la Sainte-Alliance des peuples. Les intérêts de la France ne se concentraient pas dans Paris; ils étaient aussi puissans, aussi sacrés à la circonférence qu'au centre. La patrie de la Liberté embrassait le continent, la France n'en était que l'auguste capitale; elle était devenue la vaste métropole de l'Europe nouvelle. Il fallait le comprendre; là était la force et la vie.

L'honneur national le demandait : l'honneur est une

puissance aussi. Le drapeau tricolore, en partant pour l'exil, l'avait emporté avec lui : en rentrant il devait le ramener, mais il n'y avait plus l'aigle pour le porter sur ses ailes, cet honneur de la Patrie si insolemment souffleté par les sceptres, quand l'aigle se fut abattu. Puisque les trois couleurs reparaissaient, la gloire devait reparaître avec elles ; c'est pour cela que le peuple des barricades les avait arborées, c'est pour cela qu'il avait chassé le drapeau blanc sur lequel on avait écrit les traités de la honte. Devait-on en faire passer l'affront sur la bannière de la Liberté? N'était-ce pas le pavillon de la réhabilitation? En le revoyant, les vieilles blessures des braves et de la France avaient tressailli : les mains d'autrefois avaient touché à l'instant la garde des vieux sabres d'Austerlitz et de Montmirail, la rouille en était tombée comme d'elle-même. Et la Nation, toute rajeunie, le front haut, le pied ferme, ne demandait plus qu'à secouer toutes ses ignominies de la Restauration. Ce front haut, il a fallu le rabaisser de nouveau comme pour subir la honte et capituler avec la Sainte-Alliance une seconde fois. Les peuples qui nous criaient bravo! du plus loin qu'ils nous voyaient, qui nous tendaient la main pour former la chaîne d'alliance; nos frères puinés en liberté de Belgique d'Italie et de Pologne, qui se soulevaient pour nous ces planètes du nouveau système solaire qu'une attraction invincible amenait dans notre révolution ascendante en choisissant la France pour leur soleil, tout ce vaste et sublime entraînement qui nous plaçait en avant de la civilisation et de la liberté, cette suprématie de l'affranchissement général, cette initiative du bonheur européen, qu'avons-nous fait de tout cela? N'était-ce pas là une puissance surnaturelle qui eût assuré pour toujours toutes nos prospérités publiques, en réalisant notre ascendant glorieux? Au lieu de cette passion fraternelle des nations pour la France, que nous reste-t-il dans leurs cœurs? Des regrets amers, des mépris sans doute, et peut-être de la haine.

La Belgique, cette province naturelle de France, cette frontière d'amour, que dans les premiers étonnemens de notre Révolution l'Angleterre même nous eût laissé prendre, qui ne demandait pas mieux que de se déhollandiser et de rentrer dans la grande famille, qui pendant vingt ans avait mêlé son sang au nôtre dans nos victoires, comme notre sœur la Pologne, comme notre sœur l'Italie, la Belgique qui avait chassé son roi comme nous le nôtre, pour mieux prouver sa parenté patriotique, la Belgique qui se faisait France, qu'est-elle devenue! Après l'avoir saturée de perfidies, après l'avoir poignardée par d'odieux protocoles, après lui avoir promis un roi français par peur d'un autre d'origine française, pour lui en donner un de commande anglaise, on lui a escroqué son indépendance, on lui a imposé l'ordre public de l'arbitraire et du bon vouloir de la Sainte-Alliance rapiécée, on a fait avancer le drapeau tricolore aux ordres de la coalition de la paix, c'est la première fois qu'il lui obéissait pour le compte de l'Angleterre : on a fait garder le lion de Waterloo par des hussards français, pour prouver qu'on ne craignait pas de l'irriter et que l'on voulait gagner ses bonnes grâces. L'armée française qui croyait à quelque velléité d'honneur, qui sentait la gloire au bout de son épée, qui espérait commencer à Bruxelles le voyage de Varsovie, qui déchirait déjà dans sa pensée les tables de proscription du congrès de Vienne, l'armée, toujours nationale, toujours passionnée pour la Liberté, impatiente du frein des trembleurs, agitant ses grandes victoires au cœur, on ne l'envoie que pour des évolutions de parade, on a peur de ce qu'elle peut faire ; on lui fait commander le demi-tour ; on lui fait sonner la retraite à sa grande indignation ; on lui ordonne les ordres du cabinet anglais qui lui taxe ses heures de promenade ; on la condamne à garder la chambre, on la met au régime ; on oublie que la République et l'Empire ont régné le drapeau à la main. Le bonnet phrygien et la couronne impériale ont porté l'auréole de la gloire qui fait la force. Ces deux géans n'ont jamais tendu la main pour recevoir l'obole d'une triste paix, mais levé le bras pour menacer et frapper. La pique républicaine et le glaive de l'Empire ne se ployaient jamais que dans le sein de l'ennemi, et non à ses pieds; les victoires sont les meilleurs articles d'un traité. Les deux colosses criaient bien haut à l'armée : Soldats, on nous insulte ; croisez baïonnette!... en avant! — Aujourd'hui on semble leur dire bien bas : Camarades, on ne sait pas ce qui peut arriver; reposez vos armes!... sabre au fourreau!... La royauté de la peur se trouve mieux dans une caserne que sous une tente. La paix jadis portait une couronne de lauriers, aujourd'hui, en bonne femme, elle préfère un bonnet de nuit pour n'avoir pas de mauvais rêves : les patrouilles de la garde nationale la rassurent bien mieux que le bruit des armes. Vive le présent! qu'a-t-elle à faire de l'avenir? C'est une excellente bourgeoise de la rue Saint-Denis, qui serait dépaysée et malade sur la place de la Colonne. En attendant, l'Angleterre s'est parfaitement arrangée des habitudes casanières de cette paix là. Elle y gagne l'Escaut et le port d'Anvers. Elle a un pied sur nous. La Belgique sera son entrepôt de commerce et de guerre contre la France. Le roi des Belges fera faction pour elle à nos portes. Vive la révolution de Juillet! Le traité de 1815 n'avait pas été si loin. Il y a progrès.

Est-ce Machiavel qui a dirigé notre cabinet à l'égard des réfugiés espagnols et portugais, lorsqu'il a manqué de parole à leur projet libérateur; lorsque ces tristes mais nobles débris d'une guerre héroïque, ces victimes de deux despotes caligulaires, ramassant le peu de force qui leur restait de tant d'horribles souffrances, pour faire pénétrer par trois pontis sauveurs dans l'infortunée Péninsule la Liberté et la civilisation, au moment où sur les deux Océans, aux pieds des Pyrennées, tout était prêt pour la restauration populaire, est-ce Machiavel qui a conseillé l'odieux guet-à-pent où l'on a fait tomber leur confiance et leur bonne foi de patriotes? Dans un moment de bonne inspiration, de politique heureuse, on les encourage, on leur donne des armes, on leur dit que leur belle cause est toute française, des mains royales distribuent des fonds, on leur prête des hommes de juillet, on leur confie un drapeau tricolore, on leur vante même les bienfaits d'une Révolution républicaine, et tout-à-coup par un effet de la peur, par on ne sait quel pacte de trahison avec le roi-inquisiteur de Madrid, on disperse, on persécute, on outragé la légion sacrée dont on s'était fait le complice, on remet à neuf avec plus de perfidie le système de la Restauration. Trahir la liberté espagnole, c'était enfoncer le couteau dans la nôtre. En cas de guerre avec le despotisme du nord, l'Espagne eût été un nouveau camp de réserve pour nous sur nos derrières : nous pouvions nous entourer d'un cordon de peuples libres, d'une muraille de nations qui eût rendu la France impénétrable aux coalitions prochaines. On n'a rien vu de tout cela ; la peur est myope. Encore la France sacrifiée de ce côté là ! Un peuple de moins pour nous !

La Pologne et l'Italie, les deux aides-de-camp fidèles de nos conquêtes, tombées avec la France ne devaient-elles pas se relever avec elle ? L'Italie, répondant la première à l'appel de la Liberté, comptant sur la protection du drapeau tricolore, se soulevant par enthousiasme pour nous, par haine de nos ennemis, dressant dans son centre un camp de réserve pour la révolution de juillet ; enhardie et poussée en secret à l'indépendance par une royauté qu'elle croyait libre, elle ne soupçonnait pas, cette patrie antique des grandes pensées et des actions sublimes, qu'un gouvernement renégat déserterait au pied des Apennins la sainte cause des peuples comme aux pieds des Pyrennées, comme sur le Rhin, comme sur la Vistule, dans tous les lieux ou le chemin de la puissance s'élargissait pour la France, où la Sainte-Alliance prêtait les flancs aux coups de la Liberté. On livre l'Italie aux influences destructives de l'Autriche, et aux clémences mortelles des tyrans de Rome et de Modène, d'un côté, pour qu'on ne parle pas du jeune Napoléon, dont le nom épouvante, de l'autre, pour obtenir à la monarchie parvenue un pardon pontifical. On vend un peuple ponr un titre ; on est peu héroïque pour être très-chrétien, un tel mot dit tout. Italie, Italie, ce n'est pas la France qui t'a repoussée sous le joug, qui t'a donné le baiser de Judas ; la France t'aime et te veut libre, ce n'est pas elle qui t'a jouée avec des paroles d'honneur, ce n'est pas elle qui t'a prise dans la glu de sa trahison ; c'est l'égoïsme de la peur ; et tu le sais, la peur n'est pas française.

Et la Pologne, tant de fois tirée à quatre quartiers par les monarchies gloutonnes, tant de fois déchirée à belles dents par les loups couronnés, sous les yeux de la France immobile, la Pologne !... Le cœur saigne et le front se couvre de rougeur à ce nom fraternel, à ce nom qui rappelle la plus grande infortune du siècle, après celle de Napoléon, la Pologne, que la politique bien plus que la reconnaissance, nous ordonnait de soutenir et de protéger à tout prix, en qui l'amour de la France s'était changé en héroïsme, qui mourait pour notre cause, toujours la sienne, qui donnait encore à sa vieille mais ingrate amie le sang qui lui restait des batailles de l'Empire, qui retournait contre nos ennemis les canons qu'on lui avait fait atteler pour les braquer sur nous, cette forteresse vivante qui gardait le nord de l'Europe et que les boulets de l'empire russe mettent huit mois à démolir, mais qui avant de s'écrouler, non sans quelque perfidie, voit deux armées se fondre à ses pieds, la Pologne, ce Bayard des nations sans peur et sans reproche, qu'en a-t-on fait aussi, ou qu'en a-t-on laissé faire ? On a donné à son égorgement quelques larmes hypocrites, comme fit César à la mort de Pompée. Peut-être sa chûte a réjoui le fond du cœur. Triomphante, elle eût donné gain de cause à la Liberté : sa victoire eût accru l'ascendant du parti patriote en France... Elle a bien fait d'être vaincue ou vendue !... Pologne !... Ah ! si Napoléon eût été là !... son chapeau seulement au bout d'une baïonnette !... seulement son aigle au sommet d'un vieux drapeau !... et la France toute entière, comme un soldat unique, eût marché vers le Nord ; la Suisse, la Belgique, la Confédération du Rhin, l'Europe de l'Ouest eussent emboîté le pas de la France. La croisade libérale eût

passé par Jéna, par Ulm., par Bautzen, par Austerlitz ;
les populations se fussent levées de toutes parts entraî-
nant leurs rois dans le mouvement libérateur. Le vaste
incendie n'attendait que l'étincelle électrique de la
France. Nous étions à une de ces époques capitales où
il suffit d'une volonté audacieuse pour enlever toutes les
autres. Notre gouvernement était en position de tout
entreprendre sans avoir rien à craindre. L'admiration
des peuples et l'étonnement des monarques comptaient
déjà pour deux conquêtes à la Liberté ; tout était dans
l'audace. Un homme de génie et l'univers changeait de
face. Mais hélas ! nous vivons dans une passe de médiocrité ; le siècle semble s'être épuisé avec les grandeurs de la République et de l'Empire français. Pas un
homme aujourd'hui ! il en est besoin d'un pourtant.
Où est-il donc l'homme des peuples ? Dieu ! que de
choses pour lui, s'il venait à surgir !... Mais nous n'a-
vons rien que de vulgaire et de mesquin. Nos gens
d'état n'ont pas une ame à la hauteur de cette ame
universelle qui fermente sur le Continent. Que de
grandes choses perdues !... encore la misérable Sainte-
Alliance sous le nom trivial de Conférence !... et la
royauté de juillet pour s'y faire légitimer, pour y prendre place en sous-ordre, a triché avec les droits des peu_
ples !... Elle n'a pas su comprendre cette grande réac-

tion de la pensée humaine, contre la brutalité de la force, commencée aux barricades de Paris. Elle n'a vu qu'un accident d'opposition privée, dans cet ébranlement d'émancipation !... Quel beau rôle pour la France, quelle mission sublime !... Que nous sommes petits !...

Voilà donc les germes de juillet étouffés par notre politique extérieure ; c'est la peur du dedans qui a produit les lâchetés du dehors, on a bien vite pactisé à toutes conditions avec l'étranger, pour n'avoir qu'à réduire le grand ennemi de l'intérieur, la démocratie. On a sacrifié l'indépendance et l'honneur pour humilier la liberté et le patriotisme. On a ratifié, malgré la Nation, les transactions de 1815, et comme pour donner le poids d'une grande autorité à un pareil manque de cœur, on a fait sonner bien haut que Napoléon, après le 20 mars, les avait bien ratifiées. Mais l'illustre exilé n'acceptait provisoirement les traités de Paris que parce qu'il avait l'Europe contre lui, et l'Europe maintenant était pour notre Révolution. On a voulu se faire légitimer par des concessions déshonorantes. C'était le moyen d'obtenir le *dignus est intrare*; et puis le corps suprême a fait prononcer le fameux haro contre la la Révolution et l'esprit du siècle. On a sans doute promis de museler le monstre en France ; on aura mieux tenu cette promesse que celle de l'Hôtel-de-Ville. À ce prix point de guerre pour le moment. La paix est d'un trop bon produit pour les rois alliés ; elle sert trop bien leurs projets pour qu'ils veuillent y toucher. C'est la paix de la Restauration, c'est la paix de la conquête, la paix qui maintient le mal de la guerre ; nous aurons la paix, à quoi bon la guerre pour les rois ? Ils ont ce qu'il leur faut. Le déshonneur de la France, comme sous le grand financier de la Restauration, aura une hausse de dix, de vingt, de trente francs à la bourse ; le déshonneur dépassera le pair de la rente ; tout est pour le mieux aux yeux de la Sainte-Alliance, nous n'aurons pas la guerre. Voilà ce qu'on a fait pour la Nation. Pauvres libertés de l'Europe ! Pauvre France !

# Qu'a-t-on fait pour le Peuple ?

La Révolution de juillet s'est opérée dans un but d'amélioration sociale : si le peuple n'eût point souffert de corps et d'âme, si sa vie matérielle comme sa vie morale n'eût point eu ses grandes douleurs, eût-il couru à la mort avec cette ardeur qui renverse les trônes ? Eût-il rompu sa trêve avec la Restauration ? Il faut le reconnaître, une plaie immense, désastreuse, toujours croissante, dévore la société dans ses parties inférieures. La misère des populations laborieuses étend tous les jours son horrible cancer. Un travail sourd et profond se fait dans la génération actuelle. Quelle sera l'œuvre, Dieu le sait. C'est le devoir des gouvernemens et des législations de lui ouvrir de larges voies pour qu'il n'y ait pas débordement et secousse violente. Là se trouvait la mission de la Révolution de juillet. Une intelligence supérieure se fût mise à son niveau. Il est survenu de petits esprits qui ont échancré le germe fécond, qui ont prêché la stérile sagesse du *statu quò*, et qui ont rendu le gouvernement stationnaire quand tout est progressif autour de lui. On a fait rebrousser chemin à la Révolution, on l'a rejetée dans un enclos d'abîme, et puis l'on s'est étonné de n'aller pas.

Qu'a-t-on fait pour le peuple ? Lui a-t-on rendu ses droits confisqués ? Lui a-t-on tenu compte de ses services et de son héroïsme ? A-t-aboli ces monopoles odieux qui appauvrissent le commerce ? A-t-on coupé court aux prodigalités du régime déchu ? A-t on déchargé la Nation de ces impôts de grand chemin, de ces concussions légales sur les vins, sur le sel, sur les productions indigènes, de ces droits réunis qui rongent le peuple jusqu'aux os ! Puisque la paix était la pensée du cabinet, puisqu'on devait l'obtenir par des concessions liberticides, pourquoi cet épuisement d'un milliard ? Pourquoi renchérir sur la Restauration ? Pourquoi ces moissons forcées de deniers publics ? Pourquoi cette saignée éternelle à la prospérité nationale ? Que gagne le peuple à la hausse des rentes ? C'est surtout sur lui que pèsent horriblement les tyrannies du ministère des finances. On répond que les Chambres les ont votées ; les Chambres les votaient aussi sous la monarchie légitime ; elles donnaient des milliards d'indemnité à l'émigration. Après une cruelle expérience, n'est-on pas payé ou plutôt n'a-t-on pas payé pour s'écrier que le système représentatif n'est, dans les mains du pouvoir, qu'une pompe à budjet. Ce sont ces aspirations insatiables du fisc qui absorbent tout le bien-être de la masse. Le temps et la nécessité sont venus d'un gouvernement à bon marché : *il aurait dû naître des journées de juillet, mais on dépasse même les soutiremens de la Restauration pour acheter sans doute des consciences par des sinécures à tout manger.*

Le pouvoir a dit à la Nation : repose-toi sous mon ombre; il aurait dû ajouter : c'est celle du mancenilier, car, en effet, quel est le système actuel ? Une seconde édition de la Restauration, revue, corrigée et augmentée d'un énorme budjet. C'est encore le règne de la Charte octroyée avec quelques amendemens d'un nouvel octroi : c'est encore la fiction constitutionnelle de l'anglomanie doctrinaire. Même principe anti-démocratique; même exclusion de la souveraineté nationale. La Chambre des Députés, ne représentant qu'une fraction de hauts propriétaires, celle des Pairs ne représentant qu'elle-même, ont laissé tomber lambeaux par lambeaux des lois de monopole et de priviléges, qu'elles ont pour ainsi dire de concert, avec le pouvoir qu'elles avaient fait elles-mêmes, imposées comme des stipulations de conquêtes. La loi électorale, la pierre angulaire de l'édifice social, elles l'ont rognée, équarrie, rapetissée, aristocratisée à faire peur; et puis on y a posé le trône, comme s'il n'eût pas été plus solide sur une assise plus large. La nouvelle Chambre élective sortie de cette loi, et de colléges presque vides, semble avoir pris à tâche de prouver que la loi est plus mauvaise encore qu'on ne l'avait cru d'abord. La Nation s'est retirée d'elle; elle travaille dans le désert. On la dirait frappée de mort, ou du moins de franche paralysie. Mais la véritable faiblesse du gouvernement est dans la Pairie. L'empire de Napoléon avait péri par la noblesse, la royauté de juillet peut-elle tenir contre le torrent de l'opinion?

L'institution de la Pairie est une importation de l'Angleterre par le roi des émigrés. L'Angleterre est la terre classique de l'aristocratie. La Chambre des Lords y exerce son droit de souveraineté par les Députés des Communes et par le roi lui-même. Mais le moment est venu de donner asyle à la démocratie dans le pouvoir. C'est un contre-coup de notre double révolution sociale. Ces deux grands États, la France et l'Angleterre, séparés par la mer et par leurs vieilles rivalités, ne peuvent agir, chacun dans leur sphère, sans que l'action de l'une s'infiltre dans l'action de l'autre, comme le Vésuve et l'Etna qui se correspondent par des routes cachées dans les entrailles de la terre. La noblesse des deux pays a constitué long-temps ces deux nations. La puissance habitait ces sommités. En 89, elle est descendue dans le tiers-états : la noblesse de France a disparu dans la tempête. C'est pour cela que la noblesse d'Angleterre a coalisé pendant vingt-cinq ans l'Europe contre la révolution ; car cette révolution pouvait passer la Manche et déposer son germe sur les bords de la Tamise. Le vent de juillet y a porté la semence, ou plutôt la semence y dormait depuis 89, et le souffle populaire en y passant a fait pousser le germe. Le bill de réforme a levé ; la moisson de la liberté aura lieu. *Le peuple le veut,* comme le dieu des croisades.

La Chambre héréditaire, d'origine anglaise, en France, portait sa réprobation avec elle. Elle était engendrée de la Restauration. Sans doute de grandes renommées, de beaux talens, de hautes capacités spéciales étaient venues s'y asseoir. Toute cette décoration d'illustrations contemporaines et antiques n'avaient pu cacher les défauts de l'édifice. La Pairie contrastait avec nos mœurs et notre régénération politique : la Nation ne la goûtait pas. La Pairie était bonne pour quelques individualités qui en faisaient une spéculation d'établissement pour leurs familles : elle n'était rien pour le pays, ou plutôt elle devenait par ces fournées un moyen de corruption dans notre État constitutionnel ; elle a rendu quelques importans services dans l'intention de se populariser, quand elle se sentait dan^s le vide, mais elle a servi le pouvoir dans la violation des lois. Elle s'est marquée elle-même d'un signe de réprobation, et puis elle a une tache de sang au front, le sang de Ney. D'ailleurs a-t-elle empêché les deux culbutes de la Restauration ? Qu'a-t-elle fait pour le Peuple ? Qu'a-t-elle fait pour le Roi ? Elle a manqué même de cœur au moment de se montrer ; elle a servi toujours d'arrière-garde aux événemens graves. Jamais elle n'a pris les devans pour se mettre à la tête de l'action populaire ou royale. Elle a valetaillé dans les grandes affaires ; quand la royauté a failli, elle s'est jetée dans la faute ; quand le peuple a touché au sceptre, elle s'est attachée à la remorque de la Liberté.

Et alors, comme un officier-général qui assistait à la bataille de loin, derrière la ligne de combat, et qu'un boulet perdu a frappé par le dos, au moment où il cherchait le chemin de la retraite, la Pairie, à

travers les débris de l'action décisive, est venue, portée sur un brancard, se prêter sans mot dire aux am-
putations de la démocratie ; on lui a remis des jambes
qui ne tiennent plus au corps ; soit, elle n'en est pas
moins une sorte de Scarron politique, de cul-de-jatte
constitutionnel, qu'on ne montrera plus que par le
buste. La Bible dit que Dieu fit l'homme à son image :
la Charte de 1830 dira que la monarchie de juillet a
fait la Pairie à la sienne.

Plus d'hérédité, plus de Pairie. Ce ne sera plus,
comme l'a très-bien dit un loyal député, qu'une anti-
chambre de cour, on pourrait dire une chambre d'a-
mortissement. Dans la discussion de cette institution
aristocratique, le pouvoir s'est retourné dans tous les
sens pour enlever le principe qui lui tenait tant à
cœur. Comme dans toutes ses œuvres il a marché de
biais, il n'a pas eu le noble courage d'avouer sa pensée, et de la défendre loyalement ; il s'est fait appuyer
par des sophismes perdus. S'il eût dit : je demande
l'hérédité comme une nécessité de force et de salut
pour le pouvoir, la France lui aurait su gré de sa
franchise ; car, en France, pays de bravoure, on
aime ce qui est chevaleresque ; la lâcheté ne peut jamais entrer comme élément dans la puissance du gouvernement.

Mais si l'on eût plaidé pour l'hérédité de la Pairie, on eût renié son origine ; car c'est par une brèche à l'hérédité de la couronne qu'on s'est introduit furti-vement dans la royauté ; ainsi tout faisait une loi au gouvernement d'être lui, c'est-à-dire, populaire ; et il s'entêtait à vouloir endosser la légitimité, comme si le costume cachait l'homme.

Le pouvoir actuel est né de la victoire et de la sou-veraineté du Peuple. Il a voulu changer la victoire en défaite et la souveraineté en dépendance. Là est l'ori-gine du mal. Quel est le systême qu'on devait suivre ? développer les conséquences de juillet ? Quel systême a-t-on suivi !... Détruit le principe de juillet. Oui , l'action du gouvernement est une hostilité continuelle contre la souveraineté du Peuple. C'est contre ce prin-cipe créateur qu'on a dirigé toutes ses forces, toutes ses ruses, toutes ses abjurations. On a pris à tâche d'inoculer de nouveau le passé dans le présent, de greffer la restauration sur son trône inanimé, d'ap-pliquer la vie à la mort. Tout ce qui s'est fait se ré-sume en ces mots : Point de souveraineté du Peuple , nous l'avons promis aux rois étrangers, c'est à cette condition qu'ils nous ont donné droit de cité dans leur famille ; c'est la sanction des Rois qui a pris la place de la sanction du Peuple. On ne veut pas de souveraineté nationale, on renie son origine. Comme la souveraineté nationale n'est autre chose que la volonté de la Nation exprimant ses besoins matériels et moraux, il s'ensuit qu'on marche hors de la Nation et de ses besoins. On les méconnaît, ils n'en existent pas moins. Or, comme tout besoin finit par être accompli, il s'en suit que l'accomplissement absorbe l'obstacle.

La royauté de l'insurrection résultait d'un mouvement d'ascension ; tout mouvement doit s'achever. La royauté jeune s'est faite vieille en naissant ; elle a fait un bâton du sceptre pour marcher, au lieu d'en faire une épée. L'épée seule est populaire en France. Le mouvement ascendant s'est arrêté, ou plutôt on l'a arrêté ; mais on a beau faire, il n'est que suspendu ; le rouage est monté pour aller jusqu'au bout ; on lui a ôté son balancier , le peuple l'y remettra. Il faut que l'aiguille de la liberté fasse le tour du cadran. On ne peut imprimer à la grande roue un mouvement rétrograde ; le soleil ne recule pas vers l'orient, il tourne toujours en avant comme la pensée humaine, Dieu et la liberté sont au bout. Pour les actes de faiblesse et de condescendance, le pouvoir de juillet s'est montré plein de force, et plein de faiblesse pour les actes de force. Quand le peuple du sein de la rue s'est levé, les bras nus, les cheveux en désordre, l'œil courroucé, et prêt à ressaisir le pavé souverain, le pouvoir est descendu de son estrade, et balbutiant des excuses, il a dit : Peuple que veux-tu ? le peuple a dit : renie ton origine de Bourbon, et il l'a reniée.—Jette-moi les fleurs de lys, et il les a jetées.—Descends la croix des monumens, et il les a descendues.—Replace sur la Colonne la statue du Géant au petit chapeau, et il l'a replacée. — Quand le lion a montré ses griffes, il a rampé.—Mais lorsque ce lion rugissant a dit : marchons à l'ennemi, il n'a pas marché.—Secourons la liberté d'Italie, il ne l'a pas secourue.—Prenons la Belgique, il ne l'a pas acceptée.—Armons-nous pour nos frères de Pologne, il ne s'est pas armé.—N'entre point dans la ligue des rois, et il y est entré.—Aux clameurs de l'émeute, il a obéi ; aux cris de la gloire, il est resté muet.

Point d'émancipations électorales, parlementaires, communales, universitaires, point d'égalité de droits, défiance du peuple, défiance du pouvoir. Le régime des abus poursuit son cours ; le despotisme ministériel destitue la probité comme par le passé ; la presse, toute lépreuse de fiscalités, n'en est pas moins harcelée de persécutions arbitraires. Les vainqueurs de juillet, dont on craint même le silence douloureux, sont envoyés par pelotons à la tuerie des Bédouins d'Afrique : les chefs illustres de la révolution sont unis à la réforme. Cependant une couronne est bien lourde quand elle est grévée de deux ingratitudes ; l'une envers les hommes, l'autre envers la Nation. Des cris de détresse se répondent des extrémités de la France ; les campagnes n'en peuvent plus sous le fardeau des taxes ; les villes hurlent la faim ; l'armée se fatigue en contremarches sans honneur ; les sciences et les arts cherchent quelque part le feu sacré et se meurent sous les spéculations d'argent. Le siècle des grandes choses est tombé aux mains de quelques courtiers; on dirait qu'on a fait un comptoir du trône. Des mécomptes partout ; des joies nulle part ; de génie point. L'enthousiasme a été claquemuré dans les gibernes de la garde nationale ; le peuple n'a gardé que l'énergie de la plainte et peut-être de la haine. Banquiers d'État, qu'est devenue la glorieuse révolution? vous avez mis l'honneur national en billets de Banque, la liberté en assignats. Le peuple est-il heureux pour vous ? la nation est-elle satisfaite?

Système de dégradation pour les individus, d'abaissement pour la nation, voilà le défilé par où l'on fait

passer la France. On a remis la Patrie dans la royauté,
comme dans une chemise, de force ; on a inventé une
monarchie bourgeoise, qui n'a ni les sentimens che-
valeresques de l'aristocratie, ni l'héroïsme fougueux de
de la démocratie : c'est quelque chose d'hermaphro-
dite qui ne participe de rien. On a créé un despotisme
de faiblesse, une violence d'inanition qu'on peut juste-
ment nommer le désordre de l'ordre. Enfin les rois
nous détestent pour avoir voulu être libres, les peuples
pour n'avoir pas su l'être. Y-a-t-il eu révolution ?....
est-ce tout de ne porter de couronne de laurier que
sur des écus ? Cette couronne n'est-elle pas d'ailleurs
l'emblême de la défaite du peuple ?....C'est toujours
la restauration.

En résumé : le pouvoir n'a fait que changer de
domicile. Sous Charles X, il habitait au faubourg St.-
Germain ; pendant les trois jours de victoire, il était
passé aux faubourgs qui touchent à la Grève : aujour-
d'hui il se pavanne à la Chaussée-d'Antin.

# Empire Républicain.

## NAPOLÉON II.

Après les journées de juillet, puisque le drapeau national avait secoué la poussière de quinze ans de proscription, pourquoi ne pas avoir repris le gouvernement de 1815, dont l'action n'avait été interrompue que par la coalition. La restauration avait usurpé sa place, il devait y revenir à la chûte de la restauration : alors plus de nécessité invoquée pour violer le droit éternel du peuple. La révolution continuait son cours sans heurtement ; au lieu de cette direction légitime et naturelle donnée à la victoire du peuple, au lieu de remettre la souveraineté de la Nation sur sa large voie, on a introduit une nouvelle puissance, un troisième parti dans l'État, qui a fait ses créatures ; qui a mis en jeu ses passions, ses intrigues, ses corruptions, son entourage, ses récompenses, comme s'il n'y avait pas assez de deux partis, le national et le royaliste, pour balafrer la force publique et pour la diviser. L'Empire, relégitimé dans les Cent-Jours, reconcilié avec la liberté, mieux qu'aucune autre nature de pouvoir, portait en lui la possibilité des institutions républicaines habillées de gloire. En recommençant, il eût, n'en doutons pas, soumis sa légitimité populaire à la quatrième sanction de la nation, pour la quatrième fois ; n'en doutons pas aussi ; le suffrage universel l'eût consacré hautement. Ce n'était plus l'empire de 1813. C'était la nouvelle France, la France républicaine, la France des grands souvenirs et des droits civils plus grands que tout. Loin de faire une restauration impériale, ce n'était plus que la restauratiou de la souveraineté du peuple. Qui avait élevé le trône de Napoléon ? Le peuple. Qui l'avait relevé en 1815 ? Le peuple ? Qui avait proclamé son fils ? Le peuple, par ses réprésentans ; toujours le peuple.

Le peuple avait-il défait son œuvre? Jamais. Qui avait brisé cette souveraineté?.... La conquête étrangère par la restauration. Ce sont des vérités qu'il est important de remettre sous les yeux. La restauration vaincue, que restait-il? le droit de Napoléon II par le peuple, par sa volonté, par sa proclamation, par sa reconnaissance, par son amour impérissable. Ainsi, fils du peuple, sorti du peuple, il eût été du peuple et pour le peuple. Ce n'est pas le préjugé du sang qui eût fait sa légitimité; il avait été reconnu solennellement, légalement, nationalement par la Chambre des représentans, malgré ses dispositions hostiles pour la dynastie impériale.

A la chute de Charles X, Napoléon II aurait eu toute la France pour lui. Le peuple ne comprend pas la Charte, mais la gloire. N'a-t-on pas vu sous la restauration les images du fils et du père se multiplier dans tous les foyers domestiques, comme les idoles de la Patrie? N'a-t-on pas fait à ces dieux des campagnes et des villes une guerre infatigable, mais inutile? le martyre féconde les cultes de l'ame comme ceux de la pensée. Aujourd'hui même il n'est pas d'échope, pas de cabane, pas de loge de berger qui n'ait ses bustes d'adoration, non-seulement en France, mais encore dans toute l'Europe : je les ai rencontrés sur le sommet des Alpes. La sympathie est générale dans le vieux monde comme dans le nouveau. N'y a-t-il pas quelque secret solennel caché sous cette adoration? Ce nom puissant est opposé partout au nom de la Sainte-Alliance. Il est l'emblême de la révolution française et de la résurrection moderne.

Napoléon a laissé à son fils, pour suprême adieu, cette parole nationale : « Tout pour la France. Le fils du grand homme est devenu l'enfant des peuples, le messie de la Liberté. C'est par lui seulement que l'affranchissement des nations tenues à la chaîne pouvait se réaliser. L'aigle de France était attendu comme la colombe qui annonça la fin du déluge. Un jour de justice populaire, n'a-t-on pas vu l'émeute rugissante dans une église, dans la paroisse de Charles X, dans l'ardeur de ses profanations vengeresses, s'appaiser, s'abattre tout-à-coup comme par un miracle, et mouiller de ses larmes, couvrir de ses baisers respectueux un aigle découvert par hasard dans un coin de proscription? Toutes les rues de Paris, quand les travaux du peuple ont cessé, ne retentissent-elles pas d'hymnes du cœur en mémoire de ses deux idoles? L'armée d'Afrique n'a-t-elle pas jeté pour premier cri, à l'aspect du drapeau national, le nom de Napoléon, comme une grande joie qui lui échappait? Et jusque dans les ivresses du dimanche, aux barrières de Paris, quand la crainte des lois n'est plus là, n'est-ce pas ce nom qui sort de toutes les bouches? Tout semble vouloir graviter autour de ce nom magique. On dirait que l'avenir ne veut que de lui. Laissez faire au temps, il arrange tout.

Avec Napoléon II, le principe de la souveraineté nationale continue, et pour ceux qui ont peur des changemens, les avantages d'une hérédité populaire. Son père lui donnait le passé, le peuple lui donnait le reste. Napoléon Ier avait renfermé des siècles dans son histoire. Ses victoires, comme le dirait Corneille, étaient devenues ses aïeux. Il était sa dynastie. Napoléon II était descendant de Marengo. On a publié d'inconcevables absurdités sur son éducation : on le dit autrichien, comme si l'exil était la Patrie. Son éducation a été celle des jeunes gens de l'époque, forte, substantielle et libérale. Il sent bien de qui il vient ; il ne peut se rassasier de l'histoire de son père, et souvent quand il sort de ses lectures favorites, ses yeux sont rouges et baissés. Souvent on l'entend s'écrier : La France! la France!... La grande nation!... Il a fait une étude approfondie de nos lois et de nos institutions, il en raisonne comme nous. Jamais il ne consentira à ce que l'Autriche essaye quelque chose pour lui. On lui a fait l'an passé des propositions qu'il a repoussées avec une noble fierté; il répondit : Que dirait mon père?... Eût-on craint en le rappelant, cet orphelin de l'Empire, qu'il se fût entouré des hommes de la puissance de son père? Il les connaît trop bien, il a tout lu; il sait qu'ils n'ont été pour la plupart que les courtisans du sceptre. Ces hommes de l'empire, ces grands accapareurs de dignités, ne se sont-ils pas offerts en foule à chaque puissance qui a voulu d'eux? hélas! ils ont presque tous renié leurs vieux souvenirs. La fidélité même est devenue infidèle; le peuple seul est restée dans son amour, aussi la devise de son père est restée dans son cœur à lui : *tout pour le peuple.* Il renierait à son tour ces ambitions de cour qui ne savent que se vendre aux faveurs et qui ont toujours des sermens en réserve pour qui veut les payer. Les escamoteurs de la révolution de juillet lui ont volé le pouvoir qu'il tenait de la Nation, mais ils ne lui ont pas ôté l'idolâtrie du peuple.

Une loi de bannissement décrétée par la haine de la restauration, lui ferme encore les portes de la patrie. La nation n'a pas été consultée pour l'exil; elle eût fait une réponse accablante pour d'autres que pour lui. Ses parens, que le drapeau blanc avait proscrits l'ont été de nouveau par leur ancien drapeau tricolore; mais le bannissement de la famille impériale n'a jamais été l'acte de la volonté nationale, mais l'œuvre de l'étranger par la voix des Bourbons. Il est vrai que les Bourbons y ont ajouté la spoliation des immeubles. Ne pouvant pas la dépouiller de sa glorieuse popularité, le maréchal Soult ne se fit pas faute, en 1814, d'apposer, comme ministre, sa signature de parvenu de l'empire au bas de cette scandaleuse confiscation, car ce n'était pas assez de la haine des Bourbons, il y fallait l'ingratitude. Les biens de la famille impériale payent encore les brigandages des chouans. La France n'était pour rien dans la proscription des Napoléons. La diplomatie, tremblante dans l'avenir comme elle l'avait été dans le passé, ordonna cet exil par les clauses spé-

ciales d'un traité de vengeance. Sans doute Louis XVIII
mit sa joie dans l'exécution. La nécessité servit sa
haine. Ainsi la famille impériale n'eût rien, à repro-
cher au peuple français de ses grandes infortunes et de
son long exil; en est-il de même des Bourbons? Les
uns conservent dans une hospitalité royale les faveurs,
les sympathies et les promesses des ennemis de la
France. Les autres, poursuivis de ville en ville, presque sans asile, dispersés dans l'univers, nobles parias
des souverains ligués, mais portant la patrie au cœur,
ils ne savent encore sur quelle pierre ils pourront de-
main reposer leurs têtes chargées d'outrages. Ils ont
des fils qui meurent pour la cause des peuples, quand
les Bourbons conspirent pour la cause des rois.

Honneur à M. de Châteaubriand, qui dans son ambassade à Rome, s'est souvenu que Napoléon fut un
grand homme, et que sa famille adorait la France.
L'illustre ambassadeur ne s'est point associé aux capri
cieuses persécutions de la Cour qui l'envoyait près du
Saint-Siége. Il a respecté le malheur venu de la gloire.
son caractère a pris la couleur de son génie. Il s'est
fait grand envers les grandeurs déchues. Il a demandé
le rappel des lois de persécution. Il s'est mis à la hauteur de l'infortune qu'il a voulu couvrir de sa puissante
renommée, honneur donc à sa grande âme!

**FIN.**